느림의 행복

정운복과
함께하는
힐링
에세이

느림의 행복

매일 아침 바다를 대하며
세상의 풍문과 허튼 소문, 온갖 잡다한 것들을
파도에 씻어버리고
그리움에 젖은 추억이 밀물처럼 실려오는 곳

하얀 새벽 파도가 아침을 열고
밤새 깨끗하게 씻긴 해를 조용히 토해내는 바다
그 바다를 닮아가는 집에서 바다와 닮은 삶을 살고 싶습니다.

정운복 지음

생각나눔

차 례

흔들리며 사는 것이 인생입니다

흔들리며 사는 것이 인생입니다·8 / 아주 사소한 발명·10 / 학생 때린 교사보다 교사 때린 학생 많아····12 / 초한지에서 배우는 삶의 지혜·14 / 연호 이야기·16 / 배움의 지혜·18 / 샘이 깊은 물·20 / 생행습결·22 / 한묵에 노닐기·24 / 문 이야기·26 / 삼밭에서 자란 쑥·28 / 신념과 고집 사이·30 / 오래됨의 의미·31 / 단순하게 살기·33 / 식물의 언어·35 / 바다가 보이는 집·37 / 불비불명(不飛不鳴)·38 / 여유 갖기·40 / 공의휴 선생의 생선·42 / 까치와 수레바퀴·44 / 출사표(出師表)·47 / 새해에 교육을 걱정하며·49 / Open Door 정책·51 / 오수와 우수·53 / 삶의 뿌리·56 / 총기 휴대·57 / 교토삼굴·60 / 주인과 노예·62 / 모계사회로의 회귀·63 / 일상을 돌아보며·65 / 철없는 세상·68 / 많이 듣고 적게 말하기·70

중요한 것은 보이지 않습니다

모자와 신발·74 / 유성생식·76 / 씨앗론·78 / 꿈 이야기·80 / 재키 로빈슨·82 / 벙어리장갑과 아이패드·84 / 표현하고 살기·86 / 바닷가에서·87 / 정라진 해돋이·89 / 오서기궁(梧鼠技窮)·92 / 난향천리·93 / 원소나열법의 미래·94 / 학교 일등이 사회 일등이 못 되는 이유·96 / 호모부가(毫毛釜柯)·98 / 힘은 정의입니다·99 / 위대한 스승 자연!·101 / 위대한 사랑·102 / 고전에서 배우기·104 / 사회적 프레임 - 인식의 틀·105 / 시습(時習)·107 / 중요한 것은 보이지 않습니다·109 / 마음이 소중한 이유·111 / 클립스타인의 법칙·112 / 소통, 그 중요한 화두·114 / 쓰레기를 만드는 동물·116 / 말에 대한 소고·117 / 서두르지 않기·119 / 세월부대인·120 / 세상 읽기·123

느리게 산다는 것

춘치자명·126 / 동전의 양면·127 / 심리적 마지노선·130 / 페르소나·131 / 더불어 살기·133 / 타조 세대와 캥거루족·135 / 춘화현상·137 / 위기는 기회입니다·139 / 숲속 학교·141 / 기본에 충실하기·142 / 봄은 진달래로부터 옵니다·144 / 봄이 오는 소리·146 / 경포대 벚꽃 축제·148 / 한결같음·150 / 맑은 가난·152 / 삶과 경험·155 / 느리게 산다는 것·157 / 생각하지 않는 사람·158 / 쉼표와 여백·160 / 머리를 숙이면 부딪치지 않습니다·161 / 가이아 이론·163 / 낙엽귀근·165 / 만물제동·168 / 악마의 애정·170 / 소주는 소주가 아닙니다·172 / 망초 이야기·174 / 대추토마토 심던 날·176 / 복숭아 꽃그늘 아래서·178 / 고향 집 앞에서·180 / 병아리 깨기·182 / 경적필패·184 / 월하독작(月下獨酌)·186

사랑하면 보입니다

배고픈 부자와 철없는 부자·192 / 명품 인생·194 / 일생의 만남·196 / 있을 때 잘해야 합니다·199 / 사람의 뒷모습·201 / 과공비례·202 / 어버이날을 휴일로·205 / 권태와 열정 사이·206 / 진국 같은 삶·208 / 유월의 풍경·210 / 양잠의 추억·212 / 자주 감자·214 / 결핍이 없는 것도 결핍입니다·215 / 성자의사(聖者醫師)·218 / 유월의 들녘·220 / 꽃이 아름다운 이유·222 / 산딸기와 복분자·224 / 사일공일구촌·226 / 삼불후(三不朽)·228 / 관계에 대하여·230 / 공유와 나눔·234 / 좋은 강의·235 / 여생이란 없습니다·237 / 야생화와 들꽃·239 / 사랑하면 보입니다·241 / 사랑 남용 공화국·243 / 나우루에서 배우기·245 / 능서불택필(能書不擇筆)·248 / 작은 연못 이야기·251 / 개념과 인성·253

정 운 복 과 / 함 께 하 는 / 힐 링 / 에 세 이

흔들리며 사는 것이
인생입니다

흔들림의 반대말은 고요함입니다.
움직임이나 흔들림이 없이 잔잔하고 조용하며 평화롭다는 의미이지요.
흔들려본 사람만이 고요함의 가치를 알 수 있습니다.

흔들리며 사는 것이 인생입니다

흔들림은 자기 내부에서 기인하는 것이 아니라
바람과 같은 외물의 영향에서 나타납니다.

가게 앞에서 예쁜 옷가지를 보면 지름신에 마음이 흔들리고
옆에 있는 예쁜 여자에게도 마음이 떨리고
파란 하늘과 노란 은행잎만 보아도 가슴이 시리고
이성은 하지 말라고 하는데 감성이 앞서
잘못된 줄 알면서도 뿌리치지 못하는 것이 인생입니다.
그 누구도 흔들리지 않는 인생은 없습니다.

이 세상엔 영원한 것은 없습니다.
생명현상이 있는 것은 언젠가 죽음의 길에 접어들게 되겠지요.
한 번뿐인 인생길을 가면서 단 한 번도 흔들려보지 않았다고
자부할 수 있는 사람이 과연 얼마나 될까요?

사람의 마음만큼 믿을 수 없는 것이 또 있을까요?
많은 사람이 좋아하고 사랑하며 못 보면 죽을 것 같은 사랑에 빠져
있다가도
세월의 흐름 속에서 미워하고 분노하고, 헤어지는 것도 인생입니다.
불륜인 줄 알면서도, 그것이 나쁜 것인지 알면서도
세상의 이목을 감수할 수밖에 없는 간절한 사랑에

힘들어하는 사람도 많습니다.

흔들림의 반대말은 고요함입니다.
움직임이나 흔들림이 없이 잔잔하고 조용하며 평화롭다는 의미이지요.
흔들려본 사람만이 고요함의 가치를 알 수 있습니다.

잔잔한 호수에 돌을 던지면 큰 파문이 입니다.
그 물결의 흔들림은 시간이 지나야만 가라앉는 특징이 있지요.
흔들림의 최고의 약은 세월의 흐름입니다.
중요한 것은 흔들면 흔들리는 대로 살아가더라도
원래 자기 자리를 잊으면 안 된다는 사실입니다.

참된 사랑은
흔들리지 않는 것이 아니라
흔들려도 옆을 지켜주는 것이기 때문입니다.

....

　　흔들리지 않고 피는 꽃이 어디 있으랴
　　이 세상 그 어떤 아름다운 꽃들도
　　다 흔들리면서 피었나니
　　흔들리면서 줄기를 곧게 세웠나니
　　흔들리지 않고 가는 사랑이 어디 있으랴!

　　　　　　　　　　　　　　　　- 시인 도종환

....

아주 사소한 발명

감기로 누워있던 사람이 끓는 주전자의 시끄러운 뚜껑 소리 때문에
잠을 설치자
송곳으로 뚜껑에 구멍을 내 문제를 해결한 후
이 아이디어를 실용신안으로 출원해 떼돈을 벌었다는 이야기가 있습니다.

아픈 아들 간호에 빨대로 우유를 먹이기 힘들었던 어머니가
주름 빨대를 생각해낸 것 또한 위대한 발명이지요.

미국의 게으름뱅이 양치기 소년 조셉은
양들이 울타리 넘어 이웃집 콩밭을 망가뜨리는 것을 고민하다
울타리에 가시를 설치한 철조망을 만들게 됩니다.
생각은 단순했지만, 그 철조망은 그에게 엄청난 부를 가져다주었죠.

또한, 루이 마스크라는 사람은 훌라후프를 만든 사람으로 유명합니다.
보통 파이프를 양쪽만 이어주는 단순함으로
팔자를 고친 사람 중의 하나이지요.

연필 뒤에 고무를 붙여 판매한 것이라든지
치료용 테이프에 거즈 조각을 붙인 일회용 반창고 등
아주 사소한 발명은 우리 주변에 너무나 많습니다.

지금은 우주개발의 시대입니다.
중국도 우주정거장 개발에 박차를 가하고 있습니다.
아는 바와 같이 우주엔 중력이 없습니다.
따라서 볼펜을 쓰려고 해도 써지지 않는 불편함이 있었습니다.
미국에서 수억 달러를 들여 우주에서도 쓸 수 있는 볼펜을 개발했지요.
참으로 위대한 발명이었으나…

러시아의 우주인들은 단순하게 연필을 깎아 씁니다.

생각의 조그만 차이가 인류의 역사를 어떻게 변화시켜왔는지
단적으로 이해할 수 있는 부분입니다.

창의력이 높은 사람은
현재의 불편을 해소하려고 노력하는 사람이고
고정관념에 사로잡히지 않고 열린 생각을 하는 사람이며
역발상으로 낡은 것을 뒤집어 생각하는 사람입니다.

그런 사람이 세계사의 주역이 됩니다.

학생 때린 교사보다 교사 때린 학생 많아…

엊그제 포털 사이트에 톱으로 오른 뉴스입니다.
물론 경기도교육청의 통계 발표치인데요.
대도시 문화를 중소도시가 닮아가는 모습이라 더 염려가 됩니다.

제가 교육공무원이 된 것이 올해로 35년입니다.
인생의 대부분을 학교에서 보낸 셈이지요.
아직까지 고등학교에 다니고 있으니 말입니다.

신체적인 고통을 동반하는 체벌이 없어진 지 오래되었습니다.
벌이란 어떤 반응이 일어나게 된 뒤에 주어졌을 때
그 반응의 빈도를 감소시킬 목적으로
바람직하지 못한 행동에 대하여 주는 불쾌한 혐오 자극입니다.

벌이 없는 사회가 존재한다면 얼마나 좋을까요?
실제로 사회에서도 죄를 짓게 되면 벌금이나 금고, 징역 등으로
벌을 주게 됩니다. 교도소에 재소자가 많은 이유이지요.

학교도 사회입니다.
아직 인격의 미성숙으로 모든 것을 덮어두기에는
학교 내에서 일어나고 있는 일들의 심각성이 너무 큽니다.

그리고 교사에게서 회초리를 거두어간 이후에
교권실종의 시대를 맞이하게 되었습니다.
회초리에 의존하여 권위를 찾아서는 안 되겠지만
학교에 무서운 선생님이 존재하지 않는다고 하는 것은
아이들 교육에 결코 좋은 영향을 줄 수 없습니다.

교편을 한자로 教鞭이라고 씁니다.
그 글자를 하나하나 분석해보면
"회초리를 손에 들고 학생을 지도한다."라는 의미가 있고
편 자도 '채찍 편' 자로 회초리의 의미가 있습니다.
그래서 '교편을 잡는다'고 표현하는 것이지요.

교육은 믿음입니다.
믿음은 따뜻한 신뢰에서 출발하기도 하지만
반듯함과 엄격함 속에서 길러지는 것이기도 합니다.
우리 교육이 왜 이런 지경까지 이르게 되었는가?
참으로 슬픈 마음을 금할 수 없습니다.

일찍이 맹자는 군자에겐 세 가지 즐거움이 있는데
그중의 하나가 천하의 영재를 얻어 교육하는 것이라 했는데…

참고로 개가 사람을 물면 뉴스거리가 되지 않는데
사람이 개를 물면 큰 뉴스가 됩니다.
이번 주제는 사람이 개를 무는 것보다 더 충격적입니다.

초한지에서 배우는 삶의 지혜

초나라와 한나라의 전쟁을 기록한 책이 『초한지』입니다.
아이러니한 것은 한나라가 승리한 전쟁임에도
책 이름이 '한초지'가 아니라 '초한지(楚漢誌)'라는 것이지요.

이는 연전연승을 했던 항우에 대한 예의가 아닐까 생각합니다.
항우는 밖으로는 과격했으나 안으로는 결단력이 부족하여 실패한 인물이고
유방은 유능한 부하를 잘 부려 성공한 인물이라고 볼 수 있습니다.

연전연승했던 항우가 끝내 전쟁에 지고
매번 싸움에서 죽을 쑤었던 유방이 승리한 이유는 무엇일까요?
확실한 둘의 차이는 그릇의 차이입니다.

전쟁에서 이긴 후 유방은 이런 말을 합니다.
"계략을 꾸미고 작전을 짜는 데는 장량(張良)이 최고이고
내정과 민생 안정, 군량의 조달은 소하(簫何)가 최고이며
백만 대군을 지휘하여 승리를 거두는 것은 한신(韓信)이 최고이다.
이 뛰어난 세 사람을 부릴 수 있는 것이 내가 천하를 통일한 이유이다.

항우에게는 범증(范增)이란 뛰어난 영웅이 있었지만
그는 그 한사람조차 제대로 부리지 못했다.

그것이 그가 나에게 패배한 이유이다."

또한, 유방은 부하의 의견에 귀를 잘 기울인 통치자였습니다.
지시나 명령을 내리기 전에 '어떻게 해야 할까?' 하고
부하에게 의견을 구한 다음에 결단을 내리곤 했지요.
그리고 전쟁을 통해 얻은 전리품은 스스로 챙기지 않고
모두 공적을 세운 부하에게 나누어주었습니다.

하지만 항우는 자기 능력에 만만한 자신을 갖고 있었고
연전연승(連戰連勝)으로 자만심에 빠져있었으며
부하의 진언보다는 독단으로 일을 처리했습니다.
전리품 또한 모두가 그의 것이었지요.

항우의 입장에서 보면 정세가 참으로 이해하기 어려웠을 것입니다.
싸움에는 계속 이기는데, 전체적인 형세는 점차 기울어가니 말입니다.
역사는 되풀이된다는 이야기가 있습니다.
역사를 배우는 것이 아니고, 역사에서 배워야 하는 큰 이유이지요.

세월이 흐르면서 자연스럽게 나이가 들어가고
지위가 높아져 가는 것이 세상살이입니다.
내가 행할 수 있는 권력의 가짓수가 많을수록
주변을 돌아보고 겸손해지며, 귀를 열어놓고 살 필요가 있습니다.

연호 이야기

연호란 년으로 토막 난 세월의 호칭을 의미합니다.
우리 사회에서 가장 기준이 되는 연호는 서기이죠.
서기는 서력기원(西曆紀元)의 준말입니다.
그 기준은 예수님 탄생과 맞물려 있지요.
(실제 예수님은 BC4년에 태어나셨답니다. 잘못된 계산이지요.)

그 외에도 단군이 나라를 세울 때를 기준으로 하면
단기라는 표현을 씁니다.
'단군기원(檀君紀元)'의 준말이고, 서기에 +2333년 하면 됩니다.

불기라는 표현을 쓰기도 합니다.
불기는 불멸기원(佛滅紀元)의 약자로서
석가모니가 태어난 때가 아니라 열반에 드실 때를 기준으로 하지요.
불기는 서기와 544년의 차이가 있습니다.

그런가 하면 통일을 염원하는 모임에서는
통일염원이란 연호를 씁니다.
1948년 남북한 총선거로 남북이 갈렸으니 그 해를 기점으로 하는 것이지요.

옛날에는 왕조 중심의 사회였고 왕이 바뀌면

연호도 따라서 바뀌었습니다.

요즘을 예로 든다면

IMF는 영삼 5년(1997)에 일어난 일이고

금 모으기 운동은 대중 1년(1998)에 일어난 일이고

노무현 대통령 서거는 명박 2년(2009)에 일어난 일이고

일본의 백색국가 제외는 재인 2년(2019)에 일어난 일입니다.

요즘 사람들도 연애를 시작하면 사랑 1년, 사랑 2년

이런 개인적인 연호를 써보면 어떨까 하는 생각이 들었습니다.

만나고 헤어지는 것이 너무 빠른 세상에서 1년의 단위가

덩치 크게 보일지라도

오래 사귄 사람의 향기가 짙은 법이니까요.

그리고 결혼을 중심으로 행복 1년, 행복 2년

이런 연호를 쓰는 것도 생각해볼 일입니다.

나이를 중요시 여기는 것처럼

살아온 세월의 아름다움을 진중하게 생각해볼 필요가 있으니까요.

배움의 지혜

공부를 중국어로 표현하면 쿵후가 됩니다.
중국 무술인 쿵후가 우리식 한자로 읽으면 공부(工夫)인 것이지요.
운동을 통한 수련 속에는 수행의 의미가 들어있으며
그것이 또한 인생을 깊게 만드는 계기가 되기도 합니다.

어떤 소년이 꿈을 꿉니다.
꿈속에서 신선이 "길가에 조약돌을 주워 가지고 오너라."라는
소리를 듣게 됩니다.
소년은 일어나 길에서 조약돌을 주워 주머니에 넣고 돌아오지요.
개중에는 무거워 몇 개는 버리고 옵니다.

다음 날 주머니를 확인해보니 조약돌이 모두 다이아몬드 진주 등
보석으로 변해있는 것이었습니다.
그제야 소년은 더 많은 조약돌을 가져오지 못한 것과
중간에서 버린 돌을 후회하게 되지요.

공부도 지금은 조약돌처럼 쓸모없는 것으로 보이지만
나중엔 무엇과도 바꿀 수 없는 소중한 보물이 되는 것입니다.

어쩌면 공부의 적은 자기만족입니다.
스스로 잘났다고 믿는 순간에 주변을 통해 배울 수 있는

기회를 잃어버리게 되니까요.

공부에도 빈익빈 부익부 현상이 존재합니다.
늘 의문을 가지고 사물을 새롭게 대하며 일상에서
배움을 실천하는 사람과
자기 세계에 빠져 겸손하지 아니하고 자만한 사람은
시간이 지날수록 삶에서 풍기는 품격의 향기가 차이 나게 마련이지요.

공부는 오랜 세월 동안 시간의 축적을 통해 완성되어 가는 과정입니다.
아무리 훌륭한 스승이 이끌어준다고 하더라도
일주일에 100만 원을 웃도는 고액 과외를 받는다고 하더라도
자신의 노력이 동반되지 않는다면 결코 성취할 수 없는 것이 공부입니다.

우리는 아이들을 기르면서 습관적으로 때로는 기계적으로
"공부해라! 공부해라!"라는 명령조의 말들을 많이 합니다.
어찌 보면 공부란 아이들이 인생을 살아가는 데 꼭 필요한
지혜와 지식을 습득하는 과정으로 보아야 하는 것인데….

우리들은 가끔 공부를 아이들의 계급향상 이동 욕구를 충족시키는
매개체로서의 역할에 국한지어 생각할 때가 많다는 것도
반성할 일입니다.

공부는 문제의 정답을 달달 외우는 것이 아니라

삶을 어떻게 살아야 하는지에 대한 깊은 성찰을 의미하는 것이며
옳고 그름의 판단 잣대를 바르게 세우는 가치의 판단이기도 하고
어떻게 처신하는 것이 현명한 것인가에 대한 고민을 뜻하기도 한다는
준엄한 진실을 인지해야 합니다.

샘이 깊은 물

어렸을 적엔 우리가 사는 세상은
시멘트와 아스팔트로 발라진 공간이 아니었습니다.
가뭄에는 흙먼지 풀풀하고
장마 때는 질척거리기 일쑤였지만
우리 삶의 공간엔 늘 흙이 놓여있었지요.

큰비가 오고 난 후에는
여기저기 샘이 만들어져
마치 끓는 물처럼 모래를 간질이며 솟아나는 신기한 광경을
쉬 목격할 수 있었습니다.

이런 물은 얕은 지하에서 나오는 건수라고 볼 수 있습니다.
이런 샘은 지표면의 형편에 따라 영향을 받을 뿐 아니라

흙이 섞여 나오기도 하고
홍수가 멈추면 곧 말라버리는 특징이 있지요.
엄밀히 말하면 지하수라고 볼 수도 없는 천수(淺水)이지요.

예로부터 물이 좋은 고장은 지명부터 남달랐습니다.
예천군 감천면은 감천(甘川)으로서 단물을 뜻하고
춘천 동면 감정리도 단우물이란 의미를
춘천 천전리는 샘이 많이 있어 샘밭을
장안면 노정리는 갈대밭 속 좋은 우물이 있어 붙여진 지명입니다.
이런 사실 하나하나가 지명을 지을 때도 먼 미래를 내다보는
선조들의 지혜를 엿볼 수 있습니다.

사실 샘이 깊은 물이란 표현은 썩 좋은 것이 아닙니다.
샘은 지하수가 흘러나오는 지표나 지표 근처의 틈새를
의미하는 것으로서 깊을 수 있는 대상이 아니니까요.

어쩌면 샘이 깊다는 표현은 사람 생각의 깊이와
행동의 진실성을 의미합니다.

깊음은 쉽게 더워지고 쉽게 식는 전기 패널이 아니라
은근히 더워지고 새벽까지 온기를 유지하는 온돌인 것이며
누군들 푸르지 않은 것이 없는 한여름의 녹음이 아니라
고난의 겨울에 홀로 빛나는 소나무의 푸름입니다.

물은 깊을수록 조용히 흐르고
얕은 물에는 큰 배를 띄울 수 없습니다.

생행습결

생행습결(生行習結)이란 말씀이 있습니다.
원래 존재했던 사자성어가 아니고
후대 사람들이 억지로 만든 듯한 느낌이 강한 글이지요.
이 뜻은 "생각이 바뀌면 행동이 바뀌고,
습관이 바뀌고, 그것이 좋은 결과를 얻을 수 있다."라는 뜻입니다.

어떤 스승이 제자를 데리고 산으로 갔습니다.
제자에게 세 그루의 나무를 보여주며 뽑으라고 말했습니다.

심은 지 얼마 안 된 나무는 쉽게 뽑을 수 있었습니다.
1년 된 나무는 힘들여 겨우겨우 뽑을 수 있었습니다.
하지만 심은 지 오래된 나무는 아무리 애써도 뽑을 수가 없었습니다.

습관이라는 것도 이와 같습니다.
선이든, 악이든 습관을 들이고 오래되면 그만큼 뽑기 어려운 법이지요.

습관이라는 것이 얼마나 무서운 것인지를 알려주는 이야깁니다.

습관이란 세월의 축적 속에서 일어나는 현상입니다.
일 년간 책을 안 읽었다고 당장 무식해지는 것도 아니고
일 년간 책을 열심히 읽었다고 갑자기 유식해지는 것도 아닙니다.

살아가면서 약속 어기기를 밥 먹듯이 하고
늘 거만하게 사람들을 대하고,
잘난 체하며 사람들을 무시하고
자기 개발을 위해 노력하지 않으며,
남에게 베푸는 삶을 살지 않으면
단기적으로 별문제가 되지 않지만
그것이 축적되면 구제할 방법이 없습니다.

좋은 말을 골라 쓰는 습관
남을 칭찬하되 진심으로 하는 습관
항상 겸손하되 실력을 기르는 습관
작은 것이라도 욕심부리기보다 함께 나눌 수 있는 습관
항상 웃으며 남을 대할 수 있는 습관
이런 것들이 삶을 행복하게 하고 인생을 풍부하게 합니다.

처음엔 내가 습관을 만들지만,
나중엔 습관이 나를 만듭니다.

한묵에 노닐기

저는 고등학교 때 참 좋은 음악 선생님을 만났던 것 같습니다.
중학교 때까지는 음악이면 단순히 노래를 배우고 부르는
그런 시간이었던 것으로 기억합니다.
그런데 고등학교 때 선생님은 많지 않은 수업시간이었지만
음악을 듣는 방법과 곡의 해석에 대하여 진지하게 말씀해주셨고
실제로 감상하는 시간을 많이 할애해주셨습니다.

음악은 입으로 부르는 것보다 귀로 듣는 일이 많고
그림도 손으로 그리는 것보다 눈으로 감상하는 일이 많으며
운동도 몸으로 행하는 것보다 경기를 보는 것이 많은
우린 그런 세상에 살고 있습니다.

자신이 직접 참여하는 것도 중요하지만
이해를 갖고 그 깊이의 심연 속에서 헤엄치는 것도
참으로 중요하다는 생각을 합니다.

대학 때 한때나마 붓을 잡은 적이 있었습니다.
그렇게 부드러운 붓끝에서 저토록 힘이 넘치는 글자가 나타난다고 하는 것이
참으로 경외스럽게 다가오곤 했지요.
아마도 부드러움이 없었다면 그토록 강함을 표현할 수는 없었을 것

입니다.

옛날 관리의 등용 기준은 신언서판입니다.
신(身)은 생김새에서 나타나는 풍채를 의미하고
언(言)은 사람의 언변을 말하는 것이며
서(書)는 글자체를 통해 됨됨이를 판단하는 것이고
판(判)은 사물의 이치를 깨달아 아는 판단력을 의미합니다.

지금도 고문서를 접하거나 금석문을 대하면
그 사람이 남겨놓은 글씨의 미려함과
획의 끝에서 살아있는 힘, 조화를 통한 아름다움을 만날 수 있습니다.

신언판은 죽음과 동시에 세상에서 자취를 감추는 것이지만
서(書)는 후대에 길이 남아있기 마련입니다.

글에는 그 사람이 살아온 과정의 역사와
인생관과 추구하는 미학과 삶의 모습이 고스란히 녹아있습니다.
그것이 진정 위대할 수 있는 것이지요.

한 해를 마무리할 시점이면 각종 전시회가 열립니다.
실제로 붓글씨를 쓸 기회는 없어도 볼 기회는 많을 것입니다.
가끔 시간을 내어 서예 전시회에서 한묵에 노닐어보는 것도
참으로 의미있어보입니다.

문 이야기

戶(호)를 지게 호라고 읽습니다.
이 지게는 사람이 등으로 짐을 운반하는 도구인 지게가 아닙니다.
문이 한쪽으로 열리는 지게문을 의미하지요.
그 문이 양쪽으로 열리게 되어있다면 門이 됩니다.

저는 아파트에 살다 보니 현관문이 철문입니다.
여닫을 때 어쩌다 기대면 쇠의 차가운 느낌에 섬뜩할 때가 있습니다.
나무로 만든 문의 따뜻함이 그리운 이유이지요.

시골집, 나무로 창살을 댄 문에
새로 창호지를 바를 때는
코스모스를 책갈피에 잘 말려 창문과 함께 바르곤 했습니다.
1년 내내 자리를 지키는 코스모스는 마치 한 폭의 정물화 같아서
향기로운 운치를 제공해주기도 했지요.

세계적으로 가장 돈을 많이 번 것도 문입니다.
우리말로 하자면 창문이고요.
굳이 원어를 빌리자면 Windows이지요.
지금도 그 철옹성이 무너지지 않는 것을 보면
독점적 지위라는 것의 무서움이 느껴집니다.

문은 공간입니다.
그 공간은 드나들 때 의미가 있는 것입니다.
굳게 닫혀 사람의 드나듦이 없다면
형태적으론 문이지만
기능적으로는 문이라고 부르기 어려운 것이지요.

닫힌 문은 단절을 의미하고
소외를 의미하며
편벽으로 흐르는 불행을 의미합니다.

어찌 보면 열린 문은 관계의 이어줌을 의미하고
공간의 연결을 의미하며
소통의 원활을 의미합니다.
따라서 우리는 마음의 문이나 호기심의 문을
열어놓아야만 합니다.

開門萬福來(개문만복래)는
문을 열어두면 만복이 들어온다는 의미이지만
그 문은 현상으로서의 문뿐만 아니라
더불어 하는 열린 마음의 문을 의미한다는 것도
한 번쯤 짚어볼 필요가 있습니다.

삼밭에서 자란 쑥

마중지봉(麻中之蓬)이란 말씀이 있습니다.
/ 삼 마 / 가운데 중 / 어조사 지 /쑥 봉
대마라 불리는 삼밭에서 자란 쑥을 의미합니다.

원래 쑥은 아무리 커도 사람의 키를 넘기 힘든 식물입니다.
하지만 2m가 넘게 자라는 삼밭에 떨어진 씨앗은
높이 경쟁하며 자란 덕에
사람의 키보다 훨씬 크게 성장합니다.

농부가 가을에 삼을 거두다가 심하게 큰 쑥을 발견합니다.
그 쑥은 잘 말려져 귀한 약재로 사용되지요.
애초에 삼보다 못한 쑥이었지만
힘들여 자라고 발전한 덕에 귀한 대접을 받는 것입니다.

같은 쑥이라도 논둑에서 사람의 발에 밟히며 자란 것도 있습니다.
마디가 꺾이고 뭉개지더라도
마디 간격을 좁히고, 낮은 키로 자라며
그 환경에 적응해 왕성한 생명력을 보여줍니다.

식물은 동물과 달리 거주 이전의 자유가 없습니다.
싹을 틔운 곳에서 평생을 살아가야 하는 운명을 갖고 있지요.

이는 사람이 태어나면서 부모를 선택할 권리가 없듯이
식물도 그 환경을 스스로 선택할 기회가 없습니다.

가끔 도로변 구멍 난 아스팔트 사이에서
왕래가 잦은 도로의 보도블록 사이에서
천길 벼랑 끝 바위틈에서
생존의 극한 상황에서도 뿌리를 내리고, 성장하고, 꽃피우며
열매를 맺는 식물을 봅니다.

환경을 탓하거나 원망하지 아니하고
자신의 능력 안에서 최선을 다하는 모습이
참으로 아름다워보입니다.

환경을 탓해선 안 됩니다.
나에게 주어진 환경은 쉽게 바뀌지 않습니다.
돌덩이가 황금이 되기를 바란다고 되지 않는 것처럼 말이지요.

하지만 삼밭에 자란 쑥처럼 긍정과 노력의 힘은
오히려 나를 발전시키는 발판이 될 수 있습니다.

똑같이 최악의 상황에 처해 있다고 하더라도
어떤 이는 그 속에서 더 많은 것을 배우고
어떤 이는 푸념 속에서 공허한 세월만 보냅니다.

신념과 고집 사이

노자의 『도덕경』의 첫 구절은
"道可道非常道(도가도비상도)"로 시작합니다.
道를 도라고 말하면 이는 진실한 실체로서의 도가 아니라는 의미이지요.
이는 현상을 언어 속에 가두면 안 된다는 이야기랍니다.

어찌 보면 언어가 갖고 있는 한계로서 의미 도출의 부적절성을 지적하는 것이 아니라
인간이 갖고 있는 관념에 대한 경계를 의미하는 것입니다.

우리가 흔히 보는 나무도 나무가 갖고 있는 본성이 있고
우주의 기운을 받아 살아있는 생명체로서의 실존이 있는 법인데,
'나무'라고 표현하는 순간에 그 총체적인 나무의 본성이 사라지고
개인의 관념 속에 들어있는 생각이 표면화되어 그것에 고착될 수 있다는 것이지요.

우리도 살아가면서 소문과 선입관과 첫인상의 관념에 사로잡혀
실체를 정확히 판단하지 못하는 경우가 많습니다.
어찌 보면 정확히 안다는 것조차 애초에 불가능한 것인지도 모르지요.
그리하여 내가 생각하고 판단하는 것이 전부가 아닐 수 있다는
겸허한 생각을 가져야 합니다.

신념과 고집은 아주 미미한 차이이지만
그것이 가져다주는 결과에는 큰 차이가 있기 마련이지요.

신념은 어떠한 가치관, 종교, 사람, 사실 등에 대해
다른 사람의 동의와 관계없이
확고한 진리로서 받아들이는 개인적인 심리 상태를 의미합니다.

사람은 자기 생각의 산물입니다.
모든 일은 생각한 대로 움직이게 되어있지요.
유연한 신념이란 있을 수 없습니다.
신념은 중립적이거나 이중적인 것일 수 없기 때문입니다.

신념이란 믿어 의심치 않는 마음이어서
무쇠보다 강하며,
태산도 움직일 수 있는 엄청난 힘을 내기도 합니다.
굳은 신념을 가진 사람만이 세상을 변화시킬 수 있습니다.

오래됨의 의미

철원 '그래미' 회사 역사관에는

'路遙知馬力 日久見人心'이란 글이 걸려있습니다.
(로요지마력 일구견인심)
"길이 멀어야 말의 힘을 알 수 있고,
세월이 오래 지나야 사람의 마음을 알 수 있다."라는 의미이지요.

길이 멀지 않다면 겉모양의 함정에 빠질 수도 있고
잠깐의 만남으로는 사람의 내면을 알기 어렵습니다.

온전한 믿음이라는 것은 세월 속에서 꽃피는 것이며
내면의 진실 또한 시간 속에서 익어가는 것입니다.

급하게 먹는 밥이 쉬 체할 수 있는 것이고
빨리빨리의 방법으로는 진한 사골 국물을 만들 수 없습니다.
그런 의미에서 보면 자연 만큼 좋은 스승은 없습니다.
아무리 바쁘다고 한들 여름 꽃이 봄에 피는 경우는 없으며
가을 열매를 여름에 맛볼 수는 없는 것이니까요.

충분히 인내하고 제철을 기다려야
제대로 된 꽃과 열매의 결실을 맛볼 수 있습니다.
와인은 오래될수록 맛과 향이 진해집니다.
전통 또한 오래될수록 권위와 멋이 살아납니다.
믿음과 사랑도 오래 견딜수록 공고해지는 특성이 있습니다.

오래됨이란 함께한 시간의 축적을 의미하며

긴 소통의 과정이 필요한 이후에 얻어지는 것을 의미합니다.

길이 멀어야 말의 힘을 알 수 있습니다.

단순하게 살기

겨울입니다.
겨울 추위는 소리로 다가옵니다.
동구 밖 미루나무에서, 머리채 날리는 한길 가 버드나무의
긴 휘파람은 겨울이 얼어붙는 이유입니다.

겨울은 식물에겐 위기의 계절입니다.
이 고난의 시기가 되면 식물은 보다 단순해지기를 희망합니다.
잎은 떨어뜨려 그 자리에 눈을 매달고
생장을 멈추고 껍질을 더 단단하게 합니다.
단순해지는 것이야말로 겨울을 잘 견딜 수 있는 힘입니다.

사회가 너무 복잡합니다.
법을 공부해보지 않은 사람은 법전이 얼마나 두꺼운 책인지
조항 하나하나가 얼마나 복잡한 것인지

그렇게 복잡하게 규정을 해 놓아야 세상이 올바르게 굴러가는 것인지 참으로 알기 어렵습니다.

단순은 복잡하지 않고 간단한 것을 의미합니다.
'그 사람 참 단순하다.'이러면 생각 없는 사람으로 비칠 수도 있습니다.
하지만 복잡하게 고민하고 사는 것보다
단순에서 오는 행복이 결코 작다고 할 수 없을 것입니다.

복잡한 삶을 단순하게 하려면 잘 버릴 수 있어야 합니다.
지금 집을 한번 둘러보세요.
필요하지도 않은 물건 때문에 정작 사용해야 할 공간을 양보하고
좁다고 불평만 하고 있지는 않나요?

이제 버려야 합니다.
잘 안 보는 책, 오래된 보고서, 이전 회사 관련 문서
바인더에 꽂힌 낡은 정보들, 절대 보지 않은 소설….
수집가에겐 미안한 말이지만 정말 쓸모없이 갖고 있는
불편한 것들이 너무나 많이 있거든요.

그리고 꼬리에 꼬리는 무는 생각에 매달리지 말아야 합니다.
목적 없이 인터넷을 사용하는 것도 불필요한 일입니다.
삶을 단순하게 가져가면 정신건강에 이롭습니다.
쉬고 놀 수 있는 시간이 마련되는 것은 복잡성에서 기인하는 것이 아니라

삶의 단순성에서 창조되는 것이니까요.

단순하게 사는 것은
꾸밈없이 사는 것을 의미합니다.
진실이 포장을 필요로 하지 않는 것처럼
가장 위대한 것은 가장 소박한 것입니다.
행복한 삶은 즐겁고 단순하게 사는 것이니까요.

식물의 언어

겨울은 식물이나 동물이나 견디기 힘든 혹독한 세월입니다.
이사 오면서 집들이로 선물 받은 화초들이 꽤 됩니다.
아마릴리스와 홍콩야자, 키다리 선인장, 동양란
군자란과 산세비에리아, 바이올렛 이름 모르는 화초 몇 분과
그리고 연꽃에 이르기까지….

엊그제 욕조에 모아놓고 물을 흠뻑 주었더니
시들하던 잎에 푸른 생기가 돕니다.
햇빛 좋은 창가에 일렬로 죽 늘어놓았더니 적이 안심이 됩니다.

식물은 말을 못해도 여러 가지로 의사 표현을 합니다.
잎의 색깔, 싱싱함, 시듦, 탄력,
가지의 굵기 및 휘어지는 정도와
생기의 유무로 항상 자신의 상태를 말해주지요.
정성을 다한 돌봄과 애정이 없이는
그 식물의 온몸으로 표현하는 언어를 이해하긴 어려운 일입니다.

생명을 기르는 것은 그것이 식물이 되었든
동물이 되었든 간에 절대적인 애정이 필요합니다.
중요한 것은 인간의 생각대로 애정을 쏟으면 안 된다는 사실이지요.
너무 사랑한 나머지 매일 아침저녁으로 물을 주면
일주일은 넘기지 못하고 뿌리가 썩어 죽게 됩니다.

식물을 사랑한다는 것은
그 식물의 생태를 잘 알아서
가장 좋아하는 최적의 상태로 맞추어주는 것을 의미합니다.
자기 생각을 버리고 상대방의 입장에 맞추어주는 것
그것이 진정으로 사랑하는 것이지요.

이는 사람도 마찬가지입니다.
사랑한다는 것은 편안함을 주는 것이며
내가 좀 불편해도 상대를 먼저 배려하는 것입니다.
나의 방식이 아닌 당신의 방식으로….

바다가 보이는 집

기회가 되면 바다가 보이는 언덕 위에
하얀 집을 짓고 살고 싶습니다.
하얀 목책으로 대충 만든 울타리에 문은 항상 열어놓고
일 년 내내 올 편지가 없어도 빨간 우체통도 하나 달아놓고

바다가 실어다 주는 짭조름한 이야기들….
해풍에 추억을 널어놓고
아련한 파도 소리를 베고 잠드는 일상이
무척 행복할 것 같습니다.

제가 바다를 본 것은 열 살 때의 일입니다.
내륙에서 생고등어를 모르고 짠고등어만 보고 자라왔던 나에게
바다는 경이로움 이상이었습니다.
산꼭대기에서 맞은 바다는 야트막한 구릉 너머 있었습니다.

구릉 너머에 있는 바닷물이 왜 이쪽으로 흘러오지 않는 것인지
파도가 크게 일면 이쪽까지 바닷물이 밀려오는 것인지
괜한 걱정에 밤잠을 설치기도 했지요.

매일 아침 바다를 대하며
세상의 풍문과 허튼 소문, 온갖 잡다한 것들을 파도에 씻어버리고

그리움에 젖은 추억이 밀물처럼 실려오는 곳

하얀 새벽 파도가 아침을 열고
밤새 깨끗하게 씻긴 해를 조용히 토해내는 바다
그 바다를 닮아가는 집에서 바다와 닮은 삶을 살고 싶습니다.

불비불명(不飛不鳴)

불비불명(不飛不鳴)이란 말씀이 있습니다.
"날지도 않고 울지도 않는다."라는 의미이지만
이는 재능 있는 자가 자기 능력을 발휘할 때를 기다린다는 뜻이기도 합니다.

사마천이 지은 『사기』의 「골계열전(滑稽列傳)」에 다음과 같은 이야기가 실려있습니다.
제(齊)나라 위왕(威王)은 날마다 음주가무를 즐기고
음탕한 놀이에 빠져 지냈습니다.
정치는 모두 중신들에게 맡겼지요.

3년이 지나자 정치가 문란해지고

신하들도 질서가 없어 나라가 위험에 처했지만
누구도 함부로 나서서 왕에게 간언하지 못하였습니다.

이때 순우곤(淳于髡)이란 충신이 왕에게 묻습니다.
"'3년 동안 날지도 않고 울지도 않은 새'가 무슨 새입니까?"
왕은 크게 깨달은 바가 있어 "한번 날면 하늘에 오르며,
한번 울면 사람을 놀라게 할 것."이라고 대답하였지요.
그리고는 정신을 차리고 정치에 힘을 쏟아
훌륭한 왕이 되었다고 합니다.

그냥 아무 준비 없이 날지도, 울지도 않았다면
그는 세상 종말까지 무기력한 왕으로 살아야 했을지도 모릅니다.
하지만 지금 때가 아니어서 엎드려있어야 한다면
웅크린 개구리처럼 온 힘을 모아두어야 합니다.
미래를 준비하고 계획해야 합니다.
기회는 갑자기 불현듯 찾아오지만 준비한 자의 몫이니까요.

또한, 이런 인재를 내기 위한 숨은 조력자의 힘을 잊어서도 안 됩니다.
한나라 대장군 한신은 그의 숨은 재능을 알아챈
장량의 추천이 없었다면 역사에 이름을 남기기 어려웠을 것이고
헬렌 켈러도 어려서부터 성심을 다해 가르친 설리번 선생이
없었다면 무명의 한 장애인으로 삶을 마감했을지 모릅니다.

성웅 이순신도 유성룡의 추천과 조력이 없었다면

임진왜란 그 어려운 시기를 맞이하여
그늘에서 혼자 통탄의 눈물만 흘렸을지도 모르지요.

사람은 누구를 막론하고 다 소중한 존재입니다.
지금 현실이 비록 어렵고 고통스럽다고 하더라도
진정 나를 필요로 하는 사회를 만나면
각자의 진가를 발휘할 날이 올는지 알 수 없는 일이니까요.

남이 날지 않고 울지 않는다고 해서
상대방을 함부로 대해서도 안 되는 것이고,
내가 날지 못하고 울지 못한다고 해서
인생을 포기할 이유도 없는 것이지요.

세상에서 가장 귀한 것은 자기 자신이기 때문입니다.

여유 갖기

노자의 『도덕경』에 나오는 말로
"궁력거중(窮力擧重) 불능위용(不能爲用)"이란 말이 있습니다.
"온 힘을 다해 무거운 것을 드는 사람은

그다음엔 힘을 제대로 쓰지 못한다."라는 의미이지요.

여유를 갖고 살아가라는 말씀입니다.
냉장고도 그렇습니다. 냉장고에 꽉 차도록 물건을 쌓아두면
제대로 냉장 기능이 발휘되지 않습니다.
70% 정도 넣어두어야 바람의 통행이 자유롭고
열효율을 높일 수 있는 계기가 되는 것이지요.

우린 얼마나 여유를 갖고 살아가고 있을까요?
매일 반복되는 바쁜 일상이지만
그 속에서 꽃씨처럼 작은 희망을 품고 살아야 하는데
온몸의 기력을 다 써 살아가다 보면
해 질 녘 구겨진 종이처럼 지친 몸으로 집에 당도하는
그런 삶은 아닌지요?

우리는 하루를 너무 빨리 살고 있기에
앞뒤 바라볼 겨를도 없이 바쁘게 뛰어다녀
한 잔 커피에도 그윽한 향이 있음을 알지 못하고
한 줄 글에도 가슴이 벅찬 감동이 있음을 알지 못하고
허허롭게 마른 가슴으로 지내고 있지는 않은지요?

남이 나를 앞서가는 것이 두려운가요?
뒤집어 남에게 뒤처지는 것에 불안하고 초조한가요?

어릴 적 운동회가 생각납니다.
만국기 펄럭이며, 평소 꿈꾸어보지도 못했던
콜라에 계란 부침을 맛볼 수 있었던 유일한 날
그날 선생님께서는 이긴 팀은 만세를 부르라 하셨고
진 팀은 아낌없는 박수를 보내라 했습니다.

패자는 승자를 있는 그대로 축하해주되 비굴한 모습이 없고
승자는 여유 있는 승리를 즐기되 깔보는 마음이 없었습니다.
이 모든 것이 어쩌면 여유에서 출발하는지도 모릅니다.

나무의 열매는 굵은 가지에서 열리지 않습니다.
잔가지 끝에서 대부분의 열매가 열리지요.
우린 여유로움 속에서 이런 잔잔한 행복을 갖고 살아야 합니다.

공의휴 선생의 생선

인류 역사상 가장 뛰어난 책들은 경(經)이라고 불립니다.
성경, 불경, 사서삼경이 대표적인 예이지요.
그다음으로 뛰어난 책을 전(傳)이라고 부릅니다.
시전, 서전 등등의 표현이 있습니다.

이 둘을 통칭하는 것을 경전(經傳)이라고 합니다.

또한, 성인(聖人)이 지은 것을 경(經)이라 하고
현인(賢人)이 지은 것을 전(傳)이라 합니다.
경전에 버금가는 참 훌륭한 책 가운데 『사기』가 있습니다.
그 「열전조」에 보면 공의휴 선생님에 관한 이야기가 있지요.

노나라 재상으로 있던 공 선생은
손님 중 한 사람에게 생선을 선물 받습니다.
그러나 그는 생선을 돌려주면서 다음과 같은 이야기를 합니다.

"나는 생선을 좋아하기 때문에 받을 수 없소.
지금 난 재상의 벼슬에 있으니 스스로 생선을 살 수 있소.
그런데 만약 생선을 받고 벼슬에서 쫓겨난다면
생선을 다시 맛볼 수 없을 테니 말이오."

해외 진출한 기업인들 가운데 후진국에서 겪은 일 중 공통으로 하는
말이 있습니다.
"뒷돈을 주면 안 될 일도 되더라."라는 표현이지요.
국경을 넘나드는 다국적 기업이 대세인 세상에서
한 나라의 청렴도는 국가 경쟁력을 좌우하는 요소가 되고 있습니다.

가끔 높으신 어른들이 상당히 큰 액수의 돈을 꿀꺽하고는
습관처럼 하는 말이 있습니다.

"대가성이 없이 받은 돈입니다."라는 표현이 그것이지요.
참 지나가던 개가 웃을 일입니다.

정말 대가성 없는 것은 거지에게 적선해주는 돈과 같은 것입니다.
몇억을 기부했다고 하더라도 거기에는 착한 사람의 이미지를
돈 주고 구매한 것이니 대가를 받은 것이나 진배없지요.
단돈 10원이라도 대가성 없다는 것은 말이 되질 않습니다.

마지막으로 채근담의 내용을 적습니다.

> 참된 청렴은 청렴하다는 이름조차 없어야 한다.
> 그런 이름을 얻으려는 것부터가 탐욕이 있는 것이다.
> 참으로 큰 재주가 있는 사람은 별스러운 재주를 쓰지 않으니
> 교묘한 재주를 부리는 사람은 곧 졸렬한 것이다.

까치와 수레바퀴

제자백가 중에 묵가가 있습니다.
영화 『묵공』을 통해 묵자에 대한 일반인들의 이해도가 높아지긴 했지만
많은 사람의 관심 밖에 있는 것은 사실입니다.

묵(墨)은 먹을 의미합니다.
먹은 검은색이지요.
동양이나 서양이나 검은 것은 꺼려 하는 색이고
결국 낮은 위치의 하층민을 의미합니다.

우리나라 욕에 경(黥)칠 놈이란 것이 있습니다.
경이란 얼굴에 죄인이라고 문신을 새기는 것이지요.
묵자는 이렇듯 죄인이나 하층민으로부터 출발했다는 견해가 지배적
입니다.

그리고 엄격한 규율과 검소하고 실천적인 모습과
백성을 사랑하는 박애주의에 그 뿌리를 두고 있습니다.
『묵자』라는 책은 『논어』처럼 후대의 제자들이
스승의 언행을 모아 놓은 책입니다.
그 책에 다음과 같은 이야기가 실려있습니다.

공수자(公輸子)라는 사람이 있었습니다.
그는 나무를 깎아 물건을 만드는 재능이 뛰어났지요.
하루는 대나무로 까치를 만들었습니다.
이 대나무 까치를 하늘로 날려보냈는데
하늘로 날아가 사흘이 지나도록 내려오지 않았다고 합니다.
그는 자신의 멋진 재능에 스스로 만족해했지요.

이때 묵자가 말합니다.

"자네의 그러한 재능은 수레바퀴를 만드는 솜씨만도 못하다네.
그들은 잠깐 사이에 나무를 깎아서 무거운 짐을 운반하게 한다네.
그런데 나무로 만든 까치가 하늘을 날아간들
그것이 사람들에게 무슨 도움을 준단 말인가?"

사람마다 각각 재능이 다릅니다.
어떤 재능이든지 인류에게 유익하게 사용되어야 의미 있는 것이지
자신의 이익만을 대변하거나 남을 해치는 데 사용된다면
이는 세상을 어지럽게 하는 화근이 될 것입니다.

다이너마이트를 만든 노벨은 역사상 가장 뛰어난 발명을 하였지만
후대 사람들이 전쟁 용도로 사용하면서부터
인류의 큰 화근이 되었던 것도 사실입니다.
어쩌면 노벨이 살린 사람보다 죽인 사람들이 몇 배는 많을 것이니까요.

우리도 살아가면서
내가 남에게 도움을 주는 사람인가?
아니면 오히려 해로움을 끼치는 사람인가
한 번쯤은 숙고해볼 필요가 있습니다.

출사표(出師表)

스승이란 도를 전해주고, 의혹을 풀어주고
삶의 방향을 알려주며, 지식을 전달해주는 사람입니다.
한자로는 師라고 쓰지요.

그런데 이 글자에는 스승이라는 의미 외에도
군대라는 의미가 있습니다.
현재도 군에 사단(師團)이란 편제가 있으니 말입니다.

출사표(出師表)는 신하가 군대를 내어
적을 정벌하러 떠나기 전에 군주에게 올리던 표문(表文)입니다.
따라서 "출사표를 던지다."라는 표현은 잘못된 것입니다.
어떤 간 큰 신하가 군주 앞에서 장계를 던질 수 있을까요?

나라와 민족을 지키고자 군대를 일으키기 위하여
한 글자 한 글자 최선을 다해 짓고 꼼꼼히 적은 표문은
최대한 공손하게 바치는 것이 예의였으니 말입니다.
출사표 중에서는 가장 명문장으로 알려진 것이
제갈량의 출사표이기에 출사표는 제갈량의 것만 있는 것인 양
잘못 알고 있는 사람들도 많지요.

그리고 제갈량의 출사표도 촉한의 왕인 유비에게 쓴 것이 아니라

유비가 죽고 그의 아들인 유선이 왕이었을 때
기울어가는 나라를 걱정하며 천하 통일을 위해 일생을 바친
늙은 신하의 비장한 소신을 피력한 것이었기에
그 진실성이 후대 사람들의 가슴에 깊은 감동으로 남아있는 것입니다.

요즘은 공직 선거를 나갈 때 '출사표를 던진다'고 표현합니다.
이는 민주 공화국 체제에서 나라의 주권자인 국민에게
후보자들이 바치는 결의인 셈입니다.
그러니 지금의 현실에서도 출사표는 무례하게 던지는 것이 아니라
국민들 앞에 겸허하게 올리는 것이 되어야 합니다.

화장실 갈 때와 올 때의 마음이 항상 같을 수는 없겠지만
후보자 시절의 마음가짐과 당선되고 나서의 마음가짐의 괴리가
너무 커서 슬픈 세상입니다.

우리나라 헌법 제1조 1항이 문서 조항으로 끝나는 것이 아니라
현실감 있게 피부로 다가올 수 있는 날을 꿈꾸어봅니다.

새해에 교육을 걱정하며

대한민국은 지금 조기교육 열풍에 빠져있습니다.
아니 조기교육뿐만 아니라 온 나라가 자녀의 공부를 위해
사교육의 도가니에 빠져있습니다.

교육을 걱정하는 많은 사람들이 사교육을 줄이려고 갖는 노력을 해
봤지만
지금으로써는 백약이 무효인 것 같습니다.
과외 금지부터 사이버 가정학습에 이르기까지….
많은 교육정책이 명멸하고 유행처럼 지나갔지만
현실은 그다지 좋아보이지 않습니다.

유치원부터 영어를 가르쳐야 직성이 풀리고
4세도 안 된 아이에게 한글을 가르치는 것도 모자라
논술을 가르치려 애쓰고 있습니다.
우리 아이가 뒤처지지 않을까 노심초사하는 것이 아니라
우리 아이가 지적생산능력에서 남보다 앞서지 못할까를 근심합니다.

우리가 갖고 있는 문제는 아이들의 능력이 없어서가 아닙니다.
배우고 가르칠 수 있는 교육기관이 절대적으로 부족해서가 아닙니다.
정말 큰 문제는 내 아이만 잘되면 된다는 그릇된 욕망이 너무나 큰
것입니다.

아이들에게 왜 공부해야 하는지 이유를 가르치지 않고
아이가 생산한 참으로 많은 결과물 속에서
유독 공부에만 관심을 가지고 아이를 평가하는 부모가 많습니다.
'행복이 성적순이 아니잖아요.' 이 말은 행복은 성적순이라는 현실의
역설적인 표현에 불과한 것이고
학교 1등이 사회의 1등과 등식관계에 놓여있지 않다는 것을 알면서도 공부에 뒤처지면 사회의 낙오자가 되는 양 불안해하는 것도 현실입니다.

물론 우리나라 사회는 뿌리 깊은 과거제도의 감상이 남아있습니다.
과거제도는 급제를 통해 사회적인 신분상승의 기회를 얻은 것이고 보면 현재도 계급의 상향이동은 공부가 지름길이라고 믿는 경우가 많습니다.
하지만 세상이 바뀌고 있는데 부모들의 생각은 바뀔 기미가 없습니다.

이제 사회적인 잣대로만 아이들을 재고 판단할 것이 아니라
존재 그 소중한 느낌을 잣대로 아이들과 마주해야 합니다.
무엇을 좋아하고, 무엇을 고민하고, 무엇을 생각하는지….
그런 것이 진정 아이를 위한 길이라는 것을 깨달아야 합니다.

OECD 국가 중에서 청소년 자살률이 세계 톱을 달리고 있다는 것은
우리나라 아이들이 유독 나약해서일까요?

공부는 정말 중요한 것임에는 틀림이 없습니다.

하지만 중요한 가치를 다 버린 상태에서의 공부를 의미하는 것은 아닐 겁니다.
우린 함께 살아가는 소중한 가치를 가르칠 수 있어야 합니다.
경쟁원리가 아니라 공존원리로서의 삶의 방식을 배울 수 있어야 합니다.

학교에 재직하면서 크게 배운 것이 있습니다.
그 명제는 '문제 학생 뒤에는 문제 부모가 있다'는 아주 평범한 진실이지요.
교육은 학교에서만 존재하는 것이 아님을
"한 명의 아이들 제대로 가르치기 위해서는 온 마을이 정성을 쏟아야 한다."라는
인디언의 가르침을 깊이 생각해볼 필요가 있습니다.

음지에서 고통받고, 상처받고, 자살을 꿈꾸는 아이들이
올해는 현저하게 줄었으면 하는 바람을 가져봅니다.

Open Door 정책

Open Door 정책이라는 것이 있습니다.

열린 문을 의미하는 오픈 도어는
단순한 물리적 문을 의미하는 것이 아니라
열린 마음을 의미하는 것입니다.

시골에서 죽마고우로 친하게 지냈던 친구가
크게 성공하여 사장의 자리에 앉은 사람이 있습니다.
만나면 격의 없이 너무 반가운 친구임에도
비서실의 스케줄 관리에 따른 관문을 뚫기 어려워
실상 만나기가 어려운 경우가 많습니다.

중국 북경 자금성은
10m 이상 되는 담으로 이뤄진 성문을 7개 통과해야
황제를 볼 수 있습니다.
황궁 주변에는 혹시 있을지 모르는 자객의 은신처를 없애기 위해
나무 한 그루도 심지 않았고

바닥도 굴을 뚫은 것을 염려하여
한 길 정도 벽돌로 채웠다고 하니
어쩌면 황제는 궁에서 나고 자라 바깥에 한 번도 나가보지 못하고
인의 장막에 쌓여있다 삶을 마감했을지도 모릅니다.

인간은 쉽게 세뇌되는 특징을 갖고 있습니다.
그 효과를 극대화한 것이 광고이지요.
TV 속의 광고를 좋아하는 사람은 없습니다.

대부분 채널을 돌리거나 심하면 꺼버리기도 하지요.
하지만 상품을 고를 때는 나도 모르게 광고에서 익숙하게 보았던
제품을 들고 있는 경우가 많다는 것이지요.

지위가 올라갈수록 주변에서 듣기 좋은 말만 골라 하고
심지어 아부와 아첨하는 사람들이 늘어날 수 있습니다.
그것이 총기를 흐리게 하고 스스로 대단한 사람인 것인 양 세뇌시켜서
결국 겸손하지 못하고 안하무인과 오만방자의 길을 걷게 할 수도 있
습니다.

오픈 도어는 주변과의 소통을 의미합니다.
소통은 우리 인생의 중요한 부분이자 생존방식입니다.
적게 말하고 많이 들으라는 말씀 속에는
듣는 행위로 그치는 것이 아니라
그 말씀을 내면화하며 삶을 윤택하게 해야 하는
당위성도 포함되어있음을 알아야 합니다.

오수와 우수

2010년 10월 29일 새로운 한글 맞춤법 통일안이 발표되었습니다.

그 통일안의 골자는 언어 대중이 즐겨 사용하고 있는
잘못된 맞춤법을 인정하여
제도권 안으로 들여놓았다는 특징이 있습니다.

길을 걷다 보면 맨홀 뚜껑을 만나게 됩니다.
거기에 오수라고 적혀있는 것도 있고
우수라고 적혀있는 것도 있습니다.
오수는 뚜껑에 구멍이 없고
우수는 뚜껑에 구멍이 숭숭 나 있는 것이 다르지요.

오수(汚水)는 오염된 물이란 뜻으로 하수도를 의미하고
우수(雨水)는 빗물로서 자연수의 관로를 의미합니다.
아주 작은 차이지만 상당히 다른 의미이지요.
이 우수를 왜 '빗물'로 사용하지 않는 것인지 이해가 되지 않습니다.

도로 표지판에도 서행(徐行)이라고 적혀있는 것은
'천천히'로 바꾸어야 할 것이고
다문화(茶文化)는 차를 즐기는 문화를 의미하는데
多文化와 구별하기 위하여 '차 문화'로 바꾸어 쓰는 것이 옳습니다.

성경에 "외식하는 자여 네 눈의 들보를 빼라."라는 말씀이 있습니다.
외식은 外食으로 쓰면 집 밖에서 하는 식사를 의미하지만
外飾으로 쓰면 겉만 꾸미는 것을 의미합니다.
따라서 외식을 '겉치레만 하는'으로 바꾸어 쓰는 것이 좋습니다.

의학용어로 가면 이런 현상은 더욱 심해집니다.
염좌나 열창, 소양증은 그중 비교적 낯익은 말입니다.
우리식 표현은 삠, 찢긴 상처, 가려움증이지요.
'계안'이란 낯선 단어는 우리가 잘 아는 티눈이구요.
'현훈'은 어지럼증을 의미합니다.

저는 한문을 전공하긴 했지만
이미 사문화된 한문의 부활을 외치지는 않습니다.
다만 한문 공부를 하면 국어 생활이 풍부해지는 것이니
그만큼 삶의 질에 여유가 있을 수 있다는 것을 강조할 뿐이지요.

그러니
우리말을 잘 살려서 쓰는 것에 반대할 이유가 없습니다.
그렇다고 잘 사용되지 않는 생뚱맞기까지 한 우리말을 끄집어내서
혼란을 야기하는 것에도 동의하지 않습니다.
단지 글을 쓰는 사람부터 읽기 편하고 이해하기 쉬운
정제된 언어로서 생각의 표출이 참으로 중요하다는 것이지요.

삶의 뿌리

흙을 일구며 평생을 농사를 지으며 살아온 사람들에겐
순박 이상의 술수를 찾아볼 수 없습니다.
흙처럼 믿을만한 한 것이 없으며
땀처럼 정직한 것이 없기 때문입니다.

우린 농부를 비천하다고 업신여기거나
배움이 짧다고 함부로 생각하기 쉬우나
어쩌면 그들은 자연에서 배운 지혜의 깊이로
삶의 달관의 경지에 올라있는지도 모를 일입니다.

영악한 도시민의 잣대로서가 아니라
삶을 사랑하고 이웃을 사랑하는 행복지수의 잣대라면
그들은 충분히 대우받을만한 자격이 있으니 말입니다.

우리 삶의 뿌리는 기계화되고 획일화되고 메마른 도시가 아니라
부드럽고 촉촉하며, 포용력 높고 생산력이 있으며,
살아 움직이는 여유로움이 넘치는 시골입니다.

생각의 딜레마에 빠지지 않으려면
올바른 판단을 갖추려고 노력해야 합니다.
높은 경지에 오른다는 것은 자신을 드러내는 것을

의미하는 것이 아닙니다.

최고의 전략가는 싸우지 않고 승리하는 법을 터득하며
훌륭한 지도자는 무력을 사용하지 않고
잘 싸우는 자는 결코 화를 내지 않습니다.

시골살이의 넉넉함 속에서
자신을 드러내지 않는다는 이유 하나만으로
그들의 삶의 모습을 폄하해서는 안 될 것입니다.

최고의 삶은 자연을 닮아가는 것입니다.
흙이 인생을 기름지게 하고 삶을 넉넉하게 하듯이 말입니다.

총기 휴대

지구상에서 남자의 대부분이 총을 쏠 수 있는 능력을 가진 나라는
사실 몇 나라 되지 않습니다.
요즘 사회를 보면 총기를 휴대하고 싶다는 생각을 합니다.
굉장히 위험한 발상이지요?

엊그제 대구에서 왕따로 인한 안타까운 죽음을 접했습니다.
그 사고 이면의 일이 참으로 가슴 아프게 다가왔습니다.

우리나라에서 남과 다른 모습으로 산다고 하는 것은
참으로 어려운 일입니다.
피부색이 다르다든지, 아니면 신체적 불구가 있다고 하는 것은
그 자신의 잘못이 아니건만 아이들 놀림감의 표적이 되고 있습니다.

온전한 사람도 성격이 온순하다든지
아니면 조금 부족해 보이거나 약해 보이면
가차 없이 가학적인 놀림감의 대상이 되니 말입니다.

재미로 던지는 돌에 개구리가 맞아 죽듯이
재미 삼아 놀리는 말에 당하는 사람은 죽음과 같은
고통을 느낀다는 사실을 아이들은 모르고 있는 것 같습니다.

총기를 휴대하는 나라의 가장 큰 특징은
왕따가 없다는 사실입니다.
아무리 연약한 사람이라고 하더라도
방아쇠 당길 힘은 있기 때문이지요.

따라서 남을 업신여기거나 고통을 주거나
놀리는 행위를 한다는 것은
곧 자기 자신의 생명을 걸어야 한다는 결론에 다다르게 되니

자연스럽게 다른 사람의 인격을 존중하는 쪽으로
가닥이 잡히는 것이지요.

TV에 『우리 아이가 달라졌어요』라는 프로가 있습니다.
처음 그 아이를 보면 참으로 대책 없고, 어이없는 아이들이 나오지요.
집안도 그만하면 좋은 편이고 부모도 선량해 보이는데
아이가 문제니 말입니다.

프로그램을 조금 더 보면 잘못의 원인은 대부분
부모님의 훈육 과정에 있다는 것을 알게 됩니다.
사실은 아이가 달라진 것이 아니고
부모의 아이 기르는 방식이 달라진 것이지요.

우린 대부분 아이를 기르고 있습니다.
우린 얼마나 아이들에 대하여 알고 있는 것일까요?
그리고 알고 있다고 생각하는 것이 올바른 이해이며, 전부일까요?

요즘 아이들은 이기적이고 자기만을 생각하며
이타심이 없고 남을 배려할 줄 모르는 경우가 많습니다.
이 특성들은 아이들 혼자서 학습한 것일까요?
아니면 부모나 어른들의 모방을 통한 학습인 것일까요?

지금도 어른들은 질 나쁜 청소년만 탓하고 있습니다.
그런 생각으로는 우리의 현실을 해결할 수 없습니다.

어른부터 변해야 합니다.
우리부터 변해야 하는 것이고
궁극적으로 나부터 변화해야 합니다.
남의 탓만 할 것이 아니라 내가 지금부터 해야 할 일을
찾아 실천하는 것이 무엇보다도 중요합니다.

교토삼굴

"狡免三窟(교토삼굴)"이란 말씀이 있습니다.
"교활한 토끼는 굴을 세 개 갖고 있다."라는 말씀이지요.

토끼는 참으로 연약한 동물입니다.
날카로운 이빨이나 발톱도 없고
동물에게 흔한 뿔도 없습니다.

다만 길쭉한 귀로 위험을 빨리 인지하여
튼튼한 뒷다리로 도망가는 것이 최선이지요.
그런 토끼도 굴을 파고 삽니다.

교토삼굴이란 용어는 지극히 인간 중심 말씀임에는 틀림이 없습니다.

토끼를 잡고자 하는 마음이 앞서
굴을 많이 뚫어 놓은 것을 원망하여
'교활한 토끼'라는 표현을 사용한 것이지요.

토끼의 입장에서 본다면
생존을 위한 매우 현명한 일임에는 틀림이 없습니다.
객관화된 시각으로 말씀을 다시 표현하면
"현명한 토끼는 굴을 세 개 갖고 있다."라는 말씀이 됩니다.

남의 흰머리는 조기 노화의 결과이고
나의 흰머리는 지적 연륜의 결과라고 믿고 싶은 것이 인간입니다.

팔이 밖으로 굽는 사람은 없겠지만
좋은 인간관계를 형성하기 위해서는
보다 객관화된 시각으로
자기 입장과 더불어 상대방의 입장을 배려하는 것이 필요합니다.

남이 각자 음식값을 내자고 제안하는 것은
쪼잔하고 이기적인 사고방식이지만
내가 음식값을 Dutch Pay 하자고 제안하는 것은
합리적인 사고라고 생각하기에 십상이니 말입니다.

주인과 노예

누구나 되기를 소망하는 높은 직위에 있는 사람들의 일과는
참으로 바쁘기 이를 데 없습니다.
자기 자신의 의지로 움직이는 것보다는
비서실이 짜 놓은 일정에 따라 움직이는 것이 보편화 되어있지요.

오늘은 몇 시에 일어나 회의에 참석하고
누구를 만나고, 예정된 개회식에 참여하고
누구와 점심을 먹고, 오후 스케줄은 어떻고….
하루 종일 자신의 의지보다는 짜인 일정을 소화하기에 바쁜 것을 봅니다.

어쩌면 이들은 허울 좋은 높은 자리를 차지하고 있으면서도
정작 본인의 의지대로 살아가는 것이 아니라
마치 노예처럼 지위가 시키는 대로 살아가는 경우가 많다는 것이지요.

사람을 굳이 둘로 구분하자면
자유인과 노예로 나눌 수도 있을 겁니다.
하루의 대부분을 자신을 위해 사용할 수 없다면
이는 자유인보다는 노예에 가까울 것입니다.

우리가 갖고 있는 핸드폰만 해도 그렇습니다.

분명히 핸드폰의 주인은 자신이지만
자신이 핸드폰의 노예라고 생각하는 사람들도 있습니다.
아니 그런 생각이 없더라도 행동양식을 잘 살펴보면
핸드폰의 노예가 되어있는 사람을 쉬 볼 수 있습니다.

어쩌면 우리 자신도 모르는 사이에 관습이라는 굴레에서
아무런 비판적 사고 없이 일생을 살아내는
반노예의 상태에 있을지도 모르겠습니다.

정말 중요한 것은 인생을 자신의 의지와 잣대로 살아내는 것입니다.
삶의 주인은 바로 당신이니까요.

모계사회로의 회귀

사람은 태어나면서부터 이름을 갖습니다.
요즘은 태아에게도 태명을 지어주는 경우도 있으니
엄마 배 속부터 이미 이름이 시작된 셈이지요.

姓이란 글자를 풀어쓰면 女 자와 生 자가 됩니다.
풀이하자면 "여자가 낳았다."란 의미가 되지요.

우리나라가 언제부터 아빠의 성을 따랐는지는
정확한 기록은 없으나
(추측건대 한자가 들어온 후삼국 시대일 가능성이 큽니다.)
아마도 역사시대 초반에는 어머니를 따라 자랐을 것입니다.
글자가 그리 지적하고 있으니 말입니다.

名은 夕 자와 口 자의 합성입니다.
저녁이 되면 아무것도 보이지 않게 됩니다.
그러면 입으로 불러야 하지요. 그것이 곧 이름인 셈입니다.

우리나라 시조인 「단군신화」에도
곰이 삼칠일을 쑥과 마늘로 버티고 웅녀가 되었으니
애초의 시작은 여자인 셈입니다.

통계에 의하면 우리나라에서 연간 이혼한 쌍이 10만이 넘습니다.
이는 퍼센트로 따지면 OECD 국가 중 단연 1등이지요.
대부분 아이의 양육을 어머니 쪽에서 담당하고 있다 보니
어쩌면 힘으로 지배한 남성 위주의 사회에서
인간 본성의 모계중심사회로의 이동을 꿈꾸고 있는지도 모릅니다.

시골 학교에 근무하다 보니 가끔 전학 오는 아이들이 있습니다.
도시에서 살다가 가족의 이산으로 인하여
시골 할머니 댁에 맡겨진 아이가 대부분이지요.

부계나 모계가 중요한 것이 아니라
부모의 사랑을 듬뿍 받고 자랄 나이에 가족으로부터 격리된 아이들이
늘어난다고 하는 것은 참으로 슬픈 일입니다.

이혼율이 높은 가장 큰 이유는
결혼에 대한 지나친 기대와 얻고자 하는 이기심의 결과일 수 있습니다.
사랑은 열 개를 주고 한 개를 받는 것이 아니라
열 개를 주고도 한 개를 더 주지 못해 안타까운 마음이라는 것을
겸허하게 깨달을 필요가 있습니다.

일상을 돌아보며

긴 방학의 연속입니다.
방에서 하루 종일 소셜네트워크와 소통하고
TV가 물어다준 세상 이야기를 듣다가
이틀 만에 바깥나들이를 하였습니다.

밖에 나가지 않아도 세상 구석구석의 정보들이
유무선으로 실시간으로 배달되는 세상은
불과 20년 전에 눈감은 호모사피엔스라고 불리는

극 현대인들도 생각하지 못했던 현실입니다.

변화가 그리 새로운 이슈가 아닌 세상에 살고 있습니다.
25년 전엔 300명의 성적처리를 하기 위하여
컴퓨터가 계산하는 시간만 여덟 시간이 걸렸습니다.
불과 5년 전만 해도 700MB 영화 한 편을 내려받기 위하여
서너 시간을 투자해야만 했습니다.

지금은 자료의 무거움이 큰 문제가 되지 않는 광속의 시대에 살고 있습니다.
앞으로 양자 컴퓨터가 실용화되면
얼마나 스마트한 컴퓨터가 나올지….
인간보다 똑똑한 컴퓨터의 출현이 불가능해보이지 않습니다.
기금도 기억능력과 계산능력으로 범위를 좁히면 컴퓨터를 따라갈 인간이 없으니 말입니다.

이미 체스는 컴퓨터에 1등을 빼앗긴 지 오래되었고
알파고라는 슈퍼컴퓨터가 바둑에서 인간을 능가한다는 것을 인정하지 않을 수 없습니다.

그러나
아무리 인공지능이 발달하고 퍼지 이론이 뛰어나다고 하더라도
컴퓨터가 인간을 따라잡기 어려운 부분이 있습니다.
그건 따뜻함이지요.

배려와 사랑, 더불음과 행복, 창조의 마인드는 인간이 갖고 있으면서
기계가 학습할 수 없는 독특함입니다.

인간은 성취욕과 더불어 행복을 느끼는 동기부여가 있지만
컴퓨터에겐 동기부여가 없습니다.
과업을 완수했다고 하더라도 컴퓨터가 보상받는 것은 아무것도 없기
때문입니다.
전기를 더 얻어갈 수 있는 것도 아니고, 먹을 것이나, 멋진 이성이나
흔한 칭찬의 말도 컴퓨터에겐 의미가 없으니까요.

즉 컴퓨터는 마음이 없는 무미건조한 세계라 정의할 수 있습니다.
아이들이 컴퓨터 앞에서 오랜 시간을 보내면서
그 건조함을 같이 배우는 것 같아 가슴이 시립니다.
굳이 증후군을 끌어들이지 않더라도
게임과 현실을 구분하지 못하고
모호한 상태에서 자신의 정체성을 잃어가는 아이들이
주변에 늘어가는 것 같아 슬픈 아침입니다.

철없는 세상

한겨울의 복판에 서있습니다.
따뜻한 아랫목의 온기가 그리운 날입니다.

요즘 세월이 수상하다는 생각을 합니다.
딸기를 예로 들면
비닐하우스가 발달하기 전엔
딸기의 제철은 꽃피는 오월이었습니다.

그런데 요즘은 한겨울에만 딸기가 나고
노지재배가 가능한 오월엔 정작 딸기를 볼 수 없습니다.

그 이유는
비닐하우스에서 비가림으로 재배한 딸기는 당도가 높은 데 비하여
노지재배는 당도가 떨어지기 때문입니다.

인간이 세월을 거슬러 혼돈의 강 너머로
세월을 밀어내고 있는 것이 아닌가 하는 생각이 듭니다.
인간은 그것을 과학이라고 하지만
그것이 제철을 상실한 철없는 세월을 초래한 것에 불과하다는 생각도 듭니다.

화원에 가면 사시사철의 꽃을 볼 수 있고
대형 마트엔 철과 상관없이 온갖 과일이 넘쳐납니다.
여름에 에어컨을 빵빵하게 틀고 긴팔로 지내는가 하면
한겨울에도 지나친 난방으로 반팔 티셔츠를 입고 지내기도 합니다.
철의 경계가 무너진 세상에 살고 있는 것이지요.

아이들이 과일을 보고 계절을 맞추기가 어려운 세상입니다.
이 철없는 세상에서 철듦이 애초에 힘든 일 일지도 모르겠으나
자기중심적이고, 이기주의적이며, 배려와 관용이 사라진
아이들의 철없는 모습을 보며
우리 사회의 철없는 단면을 보는 것 같아 안타까운 생각이 듭니다.

철이 없음을 철부지(철不知)라고 합니다.
또한, 때에 맞추어 행동하는 것을 시중(時中)이라고도 하지요.
웃어야 할 때가 있고 울어야 할 때가 있으며,
뿌릴 때가 있고 거둘 때가 있습니다.
때를 맞추어 사는 것이 철듦의 시작입니다.

많이 듣고 적게 말하기

재미와 교훈을 함께하기 위한 책으로는 『삼국지』만 한 것이 없습니다.
우리가 흔히 읽는 『삼국지』는 나관중이 지은 것으로
원제는 '삼국지연의'입니다.
유비의 촉한을 정통으로 삼고 쓴 소설에 가까운 책이지요.

역사책으로는 진수의 『삼국지』가 있습니다.
이는 조조의 위나라를 정통으로 삼고 쓴 역사책입니다.
작가의 입장에 따라서 역사를 기술하는 방법이 완전히 달라지니,
결국 역사란 관점이란 생각이 듭니다.

제가 탄광촌에서 학생들을 데리고 수학여행을 갔을 때
부곡에 묵으면서 대학생하고 큰 싸움이 일어난 적이 있습니다.
저도 그때 맞아 죽을 뻔했지요.
그때를 생각하면 지금도 오글오글합니다.
싸움이 끝나고 사후 처리를 하는데 참, 말들이 가관입니다.
일어난 역사는 한 가지이고, 진실 또한 하나일 텐데
가해자의 말이 다르고, 피해자의 말이 다르고….
자신의 위치에서 본 사실들이 모두 다르니 말입니다.

『삼국지』를 보면 삼국 통일은 유비나 조조나 손권이 아니라
사마염이란 사람입니다.

그 이유는 무엇일까요?

유비, 조조, 손권 모두 뛰어난 지략가와 장수들을 거느리고
백성들에게 칭송을 받았는데,
어쩌면 그들의 실패의 원인은
아랫사람의 조언을 잘 듣지 않았다는 결론에 이르게 됩니다.

유비는 방통의 권유를 무시하다 방통을 잃고
관우의 복수를 꿈꾸어 육손의 말을 무시하다 70만을 잃습니다.
조조도 주변의 말을 듣지 않아 적벽대전에서 100만을 잃습니다.

어찌 보면 가장 지혜로운 사람은
주변의 이야기를 잘 듣고 명확한 판단을 내리는 사람입니다.
너무 귀가 얇아 남의 말만 듣고 줏대 없이 우왕좌왕하는 것도 문제
지만
귀를 닫고 자신만 고집하는 것도 큰 문제이지요.

어쩌면 『삼국지』는 소통의 교훈을 남겨줍니다.
"여명견폐(驢鳴犬吠)"란 말씀이 있습니다.
"당나귀 우는 소리나 개가 짖는 소리"라는 뜻이지요.
이는 소리가 안 좋아 듣기 싫은 것을 의미하는 것으로,
즉 남이 쓴 글이나 한 말을 우습게 여긴다는 뜻이 있습니다.

하지만

아무리 하찮은 말이라 하더라도
귀담아들어야 할 것들이 있습니다.
올핸 많이 듣고 적게 말하는 한 해가 될 수 있기를 꿈꾸어봅니다.

정 운 복 과 / 함 께 하 는 / 힐 링 / 에 세 이

2
중요한 것은 보이지 않습니다

사랑, 우정, 믿음, 그리고 정이 든다는 것
그것은 서로를 배려하는 것이며
눈에 보이지 않기에 훨씬 더 진실된 것입니다.

모자와 신발

저는 전공이 한문입니다.
그리고 학교에서 15년을 한문 교사로 재직하였죠.
지금은 컴퓨터로 전과하여 전과자라 불리며 18년을 살았습니다.
한문과 컴퓨터…. 거리가 참 먼 듯 보이지요?
그런데 이렇게 동떨어진 전공이 도움이 될 때가 많답니다.

한자를 보면 首(머릿수) 자가 들어간 글자와
足(발 족)이 들어간 글자의 무리가 있습니다.
그런데 首 자가 들어간 글자는 대부분 좋은 의미여서
고위층에서 사용하는 단어에 많이 들어있고
足 자가 들어간 글자는 의미가 좋지 않아서
하위층에서 사용하는 단어에 많이 들어있습니다.

은연중 "머리는 높고 발은 낮다."라는 인식이 깔려있기 때문이지요.
"신은 아무리 새것이라도 발에 꿰고
모자는 아무리 헌것이라도 머리에 얹는다."라는 말씀이 있습니다.

조나라의 간공이 가까운 신하들에게 말했습니다.
"수레 안에 깔개가 너무 훌륭하구나.
갓은 아무리 낡았어도 머리 위에 얹는 것이며,
신은 아무리 낡았어도 발아래 신는 것이다.

그런데 깔개가 저리 훌륭하니 그걸 밟은 신은 어떤 것이어야 하겠느냐?"

이는 검소하게 살라는 의미이지요.
제나라의 재상 관중이 국외에서 붙들려 압송될 때의 일입니다.
어느 마을을 지나고 있는데
몹시 배가 고픈 관중이 그 고을의 역졸에게 먹을 것을 달라고 애걸했습니다.
그 역졸이 음식을 가져다주면서 은근한 태도로 말하기를,
"만일 공께서 죄를 면하여 높은 자리에 앉게 되면
저에게 어떤 보답을 하시겠습니까?"

"그렇게 된다면 어진 사람을 등용하게 될 것이며
능력 있는 사람을 발탁할 것이고
공적이 있는 사람을 찾아 쓸 것이오,
그대는 이 중에 어떤 것에 해당되오?"

조금의 음식으로 벼락감투라도 쓸 줄 알았던 역졸은
아무런 대답도 하지 못했습니다.

모자와 신발은 애초에 그 기능이 다르게 만들어졌습니다.
아무리 훌륭한 신발이라고 한들 머리에 쓸 수는 없는 것이고
아무리 질 낮은 모자라도 발에 꿸 수는 없는 일입니다.

사람은 저마다의 능력에 맞는 위치가 있습니다.
그 분수에 맞게 사는 것이 행복으로 가는 첩경일 수 있습니다.
어느 날 갑자기 로또 1등 당첨되어 돈벼락을 맞게 된 대부분의 사람들이
분수를 지키지 못하고 불행의 나락으로 떨어지는 경우가 많았다고 합니다.

어찌 보면 위대하거나 훌륭하진 못하더라도
평범한 소시민으로 살아가는 삶 또한
가장 행복하고 멋스러운 것일 수 있습니다.

유성생식

"路柳墻花(노류장화)"라는 말씀이 있습니다.
"길가에 버드나무와 담장 밑의 꽃"이란 의미이지요.
길가에 있는 버드나무와 담장 아래 피어있는 꽃은
누구나 쉽게 취할 수 있는 특징을 갖고 있기에
화류계 여성을 지칭하는 다소 예술적 표현입니다.

인간이나 동물이나 대부분의 고등생물은 유성생식을 합니다.

즉 암수의 구별이 있고, 상대방과의 짝짓기를 통하여
2세를 탄생시키는 체제를 갖고 있다는 의미이지요.

무성생식이면 자신의 신체 일부분을 떼어내는
분열과 같은 방식으로 개체 수를 늘리게 되는데
그런 경우에는 다양한 형질의 2세가 탄생할 수 없으며,
척박한 환경에 놓였을 경우에 멸종으로 가는 경우가 많습니다.

유성생식도 단점은 많이 있어서
성 상대를 만나기 위한 치열한 경쟁의 과정이 존재합니다.
사슴의 뿔이나 공작의 우아한 꼬리 등은
분명 생존에는 큰 도움이 되지 않는 것임에도
암컷의 관심을 얻을 수만 있다면 불편함도 마다치 않는 것이 이들 생활의 특징입니다.

사람의 경우도 마찬가지이지요.
이성을 만나기 위한 데이트 비용이 만만하지 않을 뿐 아니라
상대방에게 잘 보이기 위한 모양새를 만들려고 들어가는
치장 비용이 대단하고
좋은 상대를 차지하기 위하여 개인적인 싸움뿐 아니라
국가 간의 전쟁이 일어나기도 하고
결혼 비용 및 이혼의 위험을 안고 살아가야 합니다.

그런 단점을 안고 있으면서도 고등생물이 유성생식을 고집하는

이유는 감수분열과 다양한 형질들의 유전자 조합을 통한
다양성을 추구할 수 있기 때문입니다.

지구상에 70억 인구가 살고 있지만
각기 다른 인성과 특질을 갖고 사는 것은
유성생식의 큰 혜택이라 할 수 있습니다.

그리고 암수로 나뉜 그룹 속에서
은밀한 유혹과 달콤한 사랑
정열적인 환희와 쓰라린 탄식
이런 것이 없다면 세상은 얼마나 삭막할까요?

씨앗론

모든 생명은 다 씨앗을 갖고 태어납니다.
씨앗만 보고는 그 성체를 가늠하기 어렵습니다.
씨앗은 희망이며 가능성이며, 상상하기 어려운 미래이기 때문입니다.

씨앗을 싹트게 하는 것은 대단한 것들이 아닙니다.
부드러운 흙과 물과 적당한 온도만 있어도

작은 씨는 싹을 틔우고 성장을 시작하게 됩니다.

잠자는 인간의 잠재력을 깨우는 것은
대단한 것들이 아니라
어느 날 갑자기 열정으로 다가온 일상과
작은 칭찬의 한마디일 수 있습니다.

씨앗이 근원이라면 열매는 결과입니다.
세계적인 발레리나 강수진 씨의 우아한 모습이 열매라면
그의 고통스럽게 일그러진 발은 씨앗인 셈이고요,
세계적인 골퍼 신지혜의 우승이 열매라면
남자보다 굳은살이 더 박힌 손의 모습은 씨앗인 셈이지요.

우린 무언가가 되고 싶어 합니다.
그것은 꿈일 수도 있고 희망일 수도 있는 열매의 모습이지요.
그리고 그 열매를 맺기 위한 씨앗으로서
우리가 인내하고 심어야 할 것들이 무엇인지 살펴볼 필요가 있습니다.

일류가 되었던 그냥 연습생으로 마무리되었던
똑같은 과정에서의 바뀌지 않는 진리가 있다면
"연습은 거짓말을 하지 않는다."라는 명제일 것입니다.

일류 피아니스트가 있었습니다.
1개월 후에 연주회에 초청을 받게 됩니다.

그는 딱 잘라 거절합니다.
"저는 무대에 서기 전에 3,000번의 연습을 거쳐야만 합니다."
절대적인 시간부족이 그 이유였습니다.
그는 핀란드의 유명한 음악가 '루빈스타인'입니다.

"다른 사람들에게 인정받기 위해선 피나는 연습을 해야 합니다.
하루를 연습하지 않으면 자기가 알게 되고,
이틀을 연습하지 않으면 동료가 알게 되고,
사흘을 연습하지 않으면 청중이 알게 됩니다.
성공의 비결은 바로 끊임없는 연습입니다."
그의 말씀이지요.

우린 내부에 참 많은 씨앗을 품고 있습니다.
그 씨앗이 발아하여 열매를 맺는 것은
작은 노력에서 출발한다는 사실을 깨달아야 합니다.

꿈 이야기

『에덴의 동쪽』에서 주연을 맡았던 제임스 딘이 이런 말을 했습니다.
"영원히 살 것처럼 꿈을 꾸고,

내일 죽을 것 같이 오늘을 살아라."

하지만 대부분의 사람들은
영원히 살 것처럼 대충대충 오늘을 보내고
내일 죽을 것처럼 미래에 대한 꿈을 꾸지 않습니다.

꿈은 대뇌 피질에서 수면 중 발생하는 무의식 세계의 발현이라 합니다.
대부분의 꿈은 잠에서 깨어남과 동시에 잊히게 되지요.
극히 일부분이 현실처럼 느껴지기도 하는데, 이를 회상몽이라고 합니다.

하지만 물리적이고 심리적인 꿈보다
우리가 꾸어야 할 것은 무엇인가를 이루겠다는 생각이나 희망이 되어야 합니다.

미국의 20대 대통령은 '제임스 가필드'입니다.
그가 열 살 때 어머니와 함께 길을 걷다가
잘생기고, 부유해 보이며, 멋진 사람을 보았습니다.
"저분은 누구세요?"
"국회의원이란다."
그는 집에 돌아와 책상머리에 "국회의원이 되자."라고 써 붙였습니다.
이 문장은 항상 그를 자극하여 결국 그는 국회의원이 되었고
더 나아가 미국의 대통령이 되었습니다.
성공한 많은 사람의 공통점 중 하나는

꿈을 가지고 열심히 노력했다는 사실입니다.

꿈이 없는 인생은 오아시스 없는 사막과 같습니다.
올해 무슨 꿈을 꾸고 계시나요?
그 꿈을 구체화하는 노력은 하고 계시나요?

잠은 사람을 꿈꾸게 하지만
노력은 인생을 꿈꾸게 합니다.

올 한 해 멋진 꿈으로 더욱 행복하시기를….

재키 로빈슨

2008년 베이징 하늘에 자랑스러운 태극기가 휘날립니다.
베이징 올림픽에서 우리나라 야구가 전승으로 금메달을 땄기 때문이지요.

2012년 런던 올림픽부터 2020년 도쿄 올림픽 전까지 야구 종목이 없습니다.
야구는 돈이 많이 들어가는 운동이기 때문에

가난한 나라에서는 야구를 할 수 없습니다.
지구상에서 야구를 즐기는 나라도 몇 나라 되지 않지요
미국, 일본, 쿠바, 한국, 대만, 중국…. 이 정도 될까요?
이런 이유에서 올림픽 정식종목에서 제외된 때가 많습니다.

미국 야구사에 기념할 만한 선수가 하나 있습니다.
'재키 로빈슨'이란 선수이지요.

백인이 야구를 주름잡던 시대에 유일하게 흑인으로서
메이저리거가 된 선수입니다.

그는 단지 흑인이라는 이유로
동료들의 지나친 멸시 속에서도
상대팀이 그와 같이 뛰기를 거부해도
관중으로부터 외면받고 야유세례를 당해도
묵묵히 야구만 합니다.

그런 노력의 결과로 입단 첫해에 신인상을 받게 되고
1962년 명예의 전당에 오르게 됩니다.
또한, 그는 미국 내의 인종차별을 없애는데 크게 기여함으로써
메이저 리그 야구 선수들로는 유일하게 전 구단에서 영구결번으로 지
정된 선수입니다.
그의 등 번호는 42번입니다.

그가 이룬 업적도 훌륭하지만
그의 걸어온 족적이 참으로 대단합니다.
주변이 다 멸시하고 학대하고, 온갖 야유를 퍼부어도
자신의 길을 묵묵히 걷기란 쉽지 않은 일이기 때문입니다.

역사는 야유를 퍼붓는 대중의 힘이 아니라
이렇게 침묵으로 자신의 길을 걷는 사람들에 의하여 이루어져 가는 것임을
깨달을 필요가 있습니다.

벙어리장갑과 아이패드

시골에서 농사짓는 아버지와
도시에서 회사 생활하는 아들이 있었습니다.
명절이 되자 살아오면서 오래 기억에 남는 특별한 선물을 주고 싶었습니다.

추운 아침 사발이를 몰고 동네를 돌아다녀야 했던 아버지는
따뜻하고 큰 벙어리장갑이 아들에게 꼭 필요할 것 같았습니다.
아들은 요즘 같은 정보화시대에 농촌에 계시는 아버지가 못내 아쉬워

큰마음 먹고 아이패드를 선물했습니다.

선물은 최고의 정성이 들어가 있었지만
아들은 도시생활 속에서 굳이 벙어리장갑을 낄 필요가 없었고
아버지는 아이패드의 전원을 켜는 방법도 몰랐습니다.

상대방에 대한 이해가 선행되지 않는 배려는
이렇듯 감동보다는 오해를 불러일으킬 수 있습니다.

외국에 나가고자 할 때는 방문지의 문화를 공부할 필요가 있습니다.
문화의 이해부족으로 오해의 소지가 발생할 가능성이 크기 때문이지요.
우리나라는 술자리에서 웃어른과 대작할 때는 몸을 돌려 마시는 것이 예의이지요.
어른을 쳐다보며 마시는 것은 큰 실례가 됩니다.

하지만 바로 이웃 나라인 일본만 하더라도 상대가 몸을 돌려 술을 마시면
자신을 보고 싶지 않아서 무시하는 것이라 오해받을 수 있습니다.
서로 다르다는 것을 인정할 때 이해도 생기는 것이지요.

현재의 교육은 소통입니다.
지식은 인터넷 공간과 컴퓨터를 통해 평생 개인이 소비해도
흔적조차 남지 않을 만큼 무진장 널려있습니다.
이젠 마음으로 움직이고, 감동과 경험을 공유하는 따뜻함으로
사람 사는 냄새가 나는 그런 세상을 만들어가야 합니다.

표현하고 살기

삶의 마지막을 미리 알아버린 사람들이 있습니다.
마지막을 앞두고 주변을 정리하는 그들
말기 암 환자 삼천 명에게 물었습니다.
죽기 전에 꼭 하고 싶은 말이 무엇이냐고….

대부분의 사람이 언급한 공통적인 단어는
감사합니다.
용서합니다.
미안합니다.
사랑합니다.
이 네 가지 말이었다고 합니다.

이 말들의 공통점은 나를 미루어서
상대방에게 다가가는 말들이고
늘 쉽게 말할 수 있으면서도
표현하지 못했던 말들의 함축이라는 것입니다.

미국 911 당시 납치된 비행기 안에서
죽음을 목전에 둔 사람들 대부분의 핸드폰 통화 내용도
위와 다르지 않습니다.

감정은 비언어적 요소로 상대방에게 표출될 때가 많지만
언어의 옷을 입히지 않는다면
상대방에게 쉽게 노출되지 않는 특징도 있습니다.
위의 네 가지 말을 자주 표현할수록 관계는 돈독해지고
사회는 밝아집니다.
다만 인생의 종착역에서 가지는 느낌으로서가 아니라
우리의 삶 자체에서의 일상의 모습이 되어야 합니다.

바닷가에서

철 지난 삼척의 바닷가
삼척은 저에게 특별한 기억이 있는 곳입니다.
정라진의 멋진 해돋이도 잊을 수 없는 장관이었지요.

대학 3학년 때 처음 찾아온 삼척.
택시를 탔습니다. 기본요금이 600원일 때였는데
기사가 500원만 받는 것이었습니다.
이유를 물으니 삼척은 끝에서 끝까지 가도 500원이 나오지 않는다며
미소 띤 기사님 얼굴에서 삼척의 온기가 느껴졌습니다.

겨울 바다가 앞에 있습니다.
갈매기 한 쌍의 울음을 뒤로하고
연인들이 새겨놓은 모래 위 나란한 발자국의 소멸 속에서
겨울 바다는 침묵으로 누워있습니다.
달빛이 잘게 부서져 하얀 포말이 되는 바닷가에 누워
저도 바다가 됩니다.

바다는 더 이상 내려갈 수 없는
지구상에서 가장 낮은 곳에 위치하고 있습니다.
자신을 낮춘 만큼 세상의 모든 물을 큰마음으로 포용합니다.
그리고 그 속에서 모든 것을 정화하여 하나가 됩니다.

모래는 한자로 砂라고 쓰기도 하고, 沙라고 쓰기도 합니다.
풀어보면 石 자와 少 자의 조합이기도 하고, 水 자와 少 자의 조합이기도 합니다.
바위가 잘게 부서지고 부서져서 모래가 된다는 것과
물이 쓰다듬은 손길에 모래가 된다는 의미가 있지요.

파도가 끊임없이 밀려와
갯바위에 포말로 부서지며
쓰다듬는 부드러운 물결이 결국 고운 자갈과 모래를 만들어냅니다.

어쩌면 세상을 살아내는 이치도
모나고 가시 돋친 말이 아니라

보듬고, 배려하고, 사랑하는 따뜻함이 아닐까 하는
그런 생각을 했습니다.

정라진 해돋이

한문과를 다니면서 대학 생활 내내 빠져 지냈던 것이 탁본이었습니다.
비석이나 금문, 전각이나 와편 등
제 손을 거친 탁본이 배접, 표구 과정을 거쳐 전시된 작품들이
제법 많았었지요.

역사 속에서 자취마저 인멸되어 사라져 가는 것들을
화선지 위에 먹으로 되살리는 작업은
멋스러움 이전에 역사적 가치와 의미도 있습니다.

대학 3학년 때 다른 대학교 사학과 학생들 답사 여행에
탁본을 이유로 따라나선 적이 있습니다.
목적지는 삼척 정라진에 있는 동해척주비(東海陟州碑)였습니다.

이 비석은 조선 현종 2년(1661)에 삼척부사 허목이 세운 것으로
당시 삼척은 해파가 심하여 조수가 읍내까지 올라오고

홍수 때는 오십천이 범람하여 주민의 피해가 극심하였다고 합니다.

이를 안타깝게 여긴 허목은 신비한 뜻이 담긴 동해송을 지어
정라진 앞의 만리도에 척주동해비를 세우니 바다가 조용해졌다고 하지요.
문장이 신비하여 퇴조비라 하는 이 비는
전서체에서 동방제일의 필치라 일컬어지는 허목의 기묘한 서체로도 유명합니다.

이 비석은 예나 지금이나 탁본이 허락되지 않는 문화재랍니다.
그때는 대학의 협조를 받아 비문의 재해석을 이유로
겨우 허락을 얻어내 작업을 할 수 있었지요.

10월 말 날이 어둑어둑할 무렵에 정라진에 도착했습니다.
탁본은 농밀도를 잘 맞추어야 하는 매우 정밀한 작업임에도 불구하고
답사 일정 때문에 캄캄한 밤에 플래시 불빛에 의지하여 작업을 해야
하는 다소 황당한 현실에 봉착했지요.

밤새워 작업하는데,
10월의 바닷바람이 얼마나 쌀쌀한지
턱이 덜덜 떨리고, 손이 곱고, 피곤함이 몰려오는 새벽
그때까지만 해도 정라진이 바닷가라는 사실을 인지하지 못했습니다.

작업을 마무리하며 청소와 도구를 정리하고 있는데

바다 끝에서 엄청 크고 따뜻한 해가,
밤새 바닷물에 불어 둥그런 쟁반만 한 해가
바다에서 용솟음하는 황홀한 광경을 보았습니다.

이른바 삼대의 덕을 쌓아야 볼 수 있다는
오메가 해돋이를 전혀 기대하지 않고 예상하지 않았던 곳에서
마주하게 된 것이지요.

그때의 감동을, 찬란함과 황홀함을 잊을 수가 없습니다.
가끔 삼척의 정라진을 지날 때는
비각 속에 안치된 척주비에 대한 추억과
어쩌면 내 인생에서 다시 볼 수 없을 것 같은 해돋이의 장관이 떠올라 흐뭇하기만 합니다.

어쩌면 우리가 살아가는 과정에서
우연에 의한 만남과
우연에 의한 학습 등
우연으로 맞닥뜨린 것들이 있습니다.
준비된 삶으로서의 우연이 삶을 풍부하게 합니다.

오서기궁(梧鼠技窮)

오서기궁(梧鼠技窮)이란 말이 있습니다.
오동나무 梧 자를 쓰는데요.
오동나무에는 으레 다람쥐들이 꼬이게 마련입니다.
그 다람쥐를 오서(梧鼠)라고 합니다.

오서는 날고, 나무 타고, 헤엄치고, 달리고, 흙을 파는 등
여러 가지 재주가 있습니다.
그러나 어느 것 하나 잘하는 전문성이 없기에
위험에 빠지는 일이 종종 있습니다.
이것을 일컬어 오서기궁이라고 하지요.

이는 여러 가지 일을 다 간섭하며 수박 겉핥기식으로 살아가는 것이
아니라
하나를 하더라도 전문가적 식견을 가질 수 있도록
깊이를 가져야 한다는 당위성을 나타내고 있습니다.

대학을 졸업하면 학위를 줍니다.
학사(學士)는 배우는 선비를
석사(碩士)는 크게 많이 아는 선비를
박사(博士)는 넓게 아는 선비로 부르는 의미입니다.

그러나 박사의 경우 결코 넓게 아는 사람이 아닙니다.
좁고 깊게 아는 사람을 지칭하는 용어가 된 지 오래이지요.

'10만 시간의 법칙'이라는 것도 있고
"한 우물을 파라."라는 속담이 있는 것을 보면
전문가적 식견이 얼마나 중요한 것인지를 짐작할 수 있습니다.

그러나 현대가 요구하는 인간상은 수평적 사고방식입니다.
어찌 보면 한 우물을 파는 것은 미련한 일일는지 모릅니다.
구덩이를 파는 장소가 잘못될 수도 있겠으며
다른 구덩이를 파는 것이 우물을 만드는 데 훨씬 더 수월할 수도 있습니다.

유연한 사고와 더불어 전문가적 식견이 필요한 시기가 아닐까 하는 생각이 드는 아침입니다.

난향천리

난향천리(蘭香千里)란 말이 있습니다.
"난의 향기가 천 리를 간다."라는 말씀이지요.

지독한 해무(海霧)로 인해 표류의 위기에 놓였던 어부들이
풍란의 향기에 이끌려 항구로 무사히 돌아왔다는 이야기가 있고 보면
전혀 근거 없는 이야기는 아닌 것 같습니다.

실은 이 말이 표현하고 싶은 것은 따로 있습니다.
인품의 향기가 풀풀하여 멀리까지 은은하게 퍼지는 것을
의미하는 것이지요.

인품이란 사람의 마음속에서 우러나오는
따뜻한 情에 기반을 두는 사랑과 배려입니다.
그 사랑과 배려가 따뜻한 세상을 만듭니다.

난향천리를 닮고 싶은 날에….

원소나열법의 미래

미래를 예견한다는 것이 점점 어려워지고 있습니다.
농경사회에서는 10년 전이나 10년 후의 모습이 별 차이가 없었지요.
삶의 근간인 토지와 성실한 땀의 의미가 별반 바뀔 것이 없었기 때문
입니다.

하지만 디지털로 무장된 첨병을 걷는 요즘은
1, 2년 앞을 내다보기가 어렵습니다.
학교의 현실도 마찬가지입니다.
OECD 보고서를 보면 어느 한구석이라도 학교가 발전한다는 예견은
없습니다.
오히려 위축되고 축소될 것이라는 의견이 많지요.

미래사회는 조건제시법이 아니라
원소나열법의 세상이 될 것입니다.
즉 집합과 조직 속에서 개인의 모습보다도
구성원으로서의 개인의 모습보다도
독립된 개인의 모습이 중요한 가치가 될 것입니다.

스마트기기의 발달과 첨단을 걷는 통신기기의 혁명적 발전은
급기야 학교의 해체를 가져오게 되는지도 모릅니다.
요즘 선생님들의 연수 행태를 보면
집합연수가 전부였던 시대에서 원격연수로의 급격한 이동을 느낄 수 있으니까요.

이는 학점은행과 연계된 재택수업과
여행지에서 필요한 시간에 필요한 만큼 공부하는 상시수업 시대가
눈앞에 와있다는 것을 의미합니다.

변화를 바르게 봐야 합니다.

교육의 소비 형태가 바뀌고 있습니다.
그러면 교육생산자들도 소비자의 구매형태에 맞는 상품을 생산하려
애써야 합니다.

미래사회가 콘텐츠 중심의 온라인이 대세라면
그 현장에 뛰어들 수 있도록 좀 더 멀리 보고
준비하는 혜안이 필요한 시점이 아닌가 생각합니다.

현실에 안주하고 늘 해오던 방식만 고집한다면
잊히는 것이 아니라 지위를 위협받을 수도 있다는 현실을
냉철하게 볼 수 있어야 합니다.

학교 일등이 사회 일등이 못 되는 이유

우린 흔히 학교 일등과 사회 일등을 비교합니다.
초등학교 동창을 만나면
공부를 잘했던 아이들은 그냥 그런대로 평범한 삶을 사는 반면
공부를 지질이 못하고 말썽꾸러기 아이들이 사업에 성공하고
시집도 잘 간 사례를 흔히 봅니다.

왜 이런 일들이 일어나는 것일까요?
사람의 능력은 크게 개인 능력과 조직 능력으로 분류할 수 있습니다.
학교에서 공부를 잘한다고 하는 것은 개인 능력이 우수하다는 것을
의미합니다.

학업 성취는 철저히 개인의 문제일 뿐 아니라
개인 IQ의 문제이고,
개인의 노력과 열의에 따라 성취도가 달라집니다.
어쩌면 경쟁 구도 속에서 남들보다 앞서기 위하여
개인 능력을 최대화하고 조직 능력을 배제하는 경우도 발생하지요.

하지만
사회에선 조직 능력이 우수한 사람이 성공하게 되어있습니다.
조직 능력이란 그 사람이 조직에 있으므로 시너지 효과를 발생시키고
주변을 유쾌하게 만들며
배려와 소통으로 조직의 능력을 극대화시키는 힘을 가진 사람을 의
미합니다.

회사를 경영하는 사장의 입장이라면
개인 능력은 출중한데, 늘 겉돌며 자신만 생각하는 사원보다
조직 속에 녹아들어 리더십을 보이며 주변을 따뜻하게 하는
조직 능력이 우수한 사원을 선호하게 됩니다.

학교에선 협력학습이라는 것이 존재하긴 하지만

아직까진 개인 능력 중심에서 크게 벗어나 있지 않습니다.
우리 아이들이 학교에서도 조직 능력을 배양할 수 있는
교육과정과 프로그램이 선행된다면
학교의 우수한 인재를 사회의 우수한 인재로 만들기 위하여
다시 교육을 시켜야 하는 예산과 시간을 절감할 수 있을 텐데 하는
아쉬움이 큽니다.

학교의 일등이 사회의 일등이 되는 교육
그것이 바람직한 학교 교육의 비전이 되어야 하지 않을까요?

호모부가(毫毛釜柯)

입춘과 우수가 지나 봄의 문턱에 와있습니다.
이제 봄비가 내릴 때마다 기온은 조금씩 올라갈 것이고
겨우내 잠들었던 생명들이 우주의 기운을 받아
기지개를 켤 것입니다.

씨앗은 어디서 싹을 틔우느냐가 중요합니다.
거주 이전의 자유가 없기 때문에
떨어진 환경이 평생을 좌우하니 말입니다.

물론 인간이 이로움의 잣대로
보호해야 할 것과 잡초로 구분하지만
잡초도 어렸을 때 김을 매지 않으면
성장했을 땐 두세 배의 힘을 들여야 합니다.

"호모부가(毫毛釜柯)"란 말씀이 있습니다.
좋지 않은 나무는 어릴 때 베어내지 않으면
마침내 도끼를 사용해야 하는 어려움이 따른다는 말씀이지요.

시작에 방향성이 참으로 중요합니다.
처음에 대수롭지 않은 것들이 습관화되고 고정화되면
돌아올 수 없는 강이 되고, 건너올 수 없는 다리가 됩니다.

힘은 정의입니다

보통 사람들은 자기보다 열 배 부자에 대해서는 욕을 하고
백 배가 되면 무서워하고
천 배가 되면 그 사람 일을 해주고
만 배가 되면 그 사람의 노예가 됩니다.
2000년 전 살다간 사마천이 한 말입니다.

한 사람을 죽이면 살인범으로 단죄를 받지만
만 명을 죽이면 영웅으로 대접받는 세상입니다.
100만 원을 훔치면 법정에서 큰 소리 한 번 치지 못하고 실형을 사는 데 비하여
1조 원을 훔친 놈은 집행유예에 곧 사면 복권되어 나라의 큰 별로 떠받들리는 세상입니다.

성공한 쿠데타는 역사의 해석 속에서도 벌하지 않습니다.
어쩌면 이기면 정의가 되는 것이고
지면 불의가 되는 것이지요.
이는 힘의 논리를 의미합니다.

세상을 살아내는 기준은 어쩌면 옳고 그름에 의해서가 아니라
누가 강하고 약한가? 그 권력의 중심에 누가 있는가 하는 것이
더 큰 관건이 될 수 있습니다.

하지만 힘이 있는 자가 정의가 있어야 하고
정의로운 사람은 힘이 있어야 합니다.
그런 세상을 꿈꾼다면 무리한 것일까요?

위대한 스승 자연!

영하의 날씨이지만 양지바른 곳엔 봄이 서성입니다.
인류는 흙에서 태어나 흙으로 돌아가는 것이 삶의 섭리입니다.

햇살이 따사로운 오후
지난해 씨 뿌린 고들빼기를 캤습니다.
오랜 가뭄이라고 하지만 촉촉한 물기를 머금은 흙은
추운 날씨 속에서도 기지개를 켜며
여린 싹을 깨워 속살을 밀어 올립니다.
생명의 위대함….
봄의 대지에서 깨달을 수 있는 것들이지요.

바쁜 인간사의 모습 속에서
명멸하는 관념 속에서
속고 속이고 자신의 이익을 좇아 부나비와 같은
삶을 살아가는 세월 속에서도

자연은 이렇듯 침묵 속에서
고난의 세월을 인내하고
황소걸음으로 봄을 준비합니다.

아무리 추운 겨울이라도

생명의 성장이 멈추어 있는 것이 아닙니다.
아주 조금이지만 꾸준히 성장이 일어나지요.
나이테를 보면 겨울의 고난 속에서 성장한 부분이
훨씬 더 강하고 단단합니다.
자연이 위대한 스승인 이유이지요.

위대한 사랑

인류의 가장 위대한 유산은 '사랑'입니다.
사랑은 20대나 30대의 전유물이 아닙니다.
물론 그 세대가 가장 왕성하게 사랑을 생산하고 소비하지만
그들의 전유물이라는 것엔 동의할 수 없습니다.

우리가 수시로 듣는 유행가의 90%는 주제가 사랑입니다.
어쩌면 인간사회는 잉여 된 것보다 결핍된 것에 관심을 많이 기울입니다.
질서가 지켜지지 않는 사회에서는 질서를 외치지만
잘 지켜지는 사회에서는 질서에 대한 것을 잊습니다.

그러고 보면 사랑이란 단어가 많이 쓰이는 것은

우리 사회에 사랑이 메말라 있다는 것의 방증일 수도 있습니다.

동양에서 전쟁의 이유는 대부분 영토 확장에 있습니다.
서양에서 전쟁의 이유는 대부분 종교에 기인하고 있지요.
현재도 기독교와 이슬람이 충돌하고
이슬람과 유대교가, 유대교와 기독교가
심지어 같은 이슬람 속에서도 시아파와 수니파의 충돌로 많은 인명이
죽어가고 있습니다.

이들이 받들고 있는 종교 경전의 큰 줄기는 사랑입니다.
사랑을 전파하기 위하여 남을 해치는 것도 불사하는 아이러니가 일어나고 있는 것이지요.

학교를 옮겼습니다.
새로운 학교에서는 인사말이 '사랑합니다.'라는 단어입니다.
지나가는 학생이 '사랑합니다.'라고 인사를 하는데 감정이 오묘합니다.

물론 위대한 유산 '사랑'이
감정이 이입되지 않은 남용의 부작용이 있을 수는 있겠으나
기본적으로 더불어 생활하는 관계성에 기초하면
그 인사말이 참으로 훌륭하다는 생각을 했습니다.

"사랑합니다." ♥♥

고전에서 배우기

2000년 전 살다간 사람에게 삶의 지혜를 구하는 것
그것은 고전을 읽는 것입니다.
변화가 미덕인 요즘 세상에서도
옛사람들의 인생역정과 삶의 철학이 도움이 되는 것을 보면
인간의 기본적인 심성은 큰 변화가 없나 봅니다.

요즘 『손자병법』을 새롭게 읽고 있습니다.
빌 게이츠는 "요즘 나를 만든 것은 『손자병법』이다."라는 말을 했습니다.
삼국지의 조조로부터 중국의 최근 통차지 마오쩌둥에 이르기까지
『손자병법』은 최고의 처세술이자 통치술로 인정받아왔습니다.

전쟁은 규칙이 없습니다.
전쟁이란 적을 이기기 위해 수단과 방법을 가리지 않는 치열한 것이며, 거짓과 술수와 온갖 비열한 방법이 동원되기도 하고,
죽느냐 사느냐 하는 절체절명의 위기이기도 한 것이지요.

전쟁 영화가 숱하게 만들어지고 소비되지만
전쟁의 현실은 정의가 반드시 이기는 것도 아니고
낭만적이거나 멋스러움이 존재하는 것도 아니며
참혹한 현실과 공포가 존재하는 것입니다.

『손자병법』에는 전쟁에서 승리를 쟁취하기 위한
여러 가지 계책과 방법을 논하고 있지만
그 저변에 흐르는 것은 전쟁을 피하는 것입니다.
즉 싸우지 않고 이기는 것이 가장 좋은 방법이라는 것이지요.

우리네 삶도 관계 속에서 성공과 실패가 존재합니다.
문제는 상대와 힘겨루기를 하려면
이미 이겨놓고 시작을 해야 한다는 것이지요.
지는 게임을 시작해서는 안 된다는 것입니다.

전쟁이나 인간관계에서
최악은 싸움에 지는 것이고
차선은 싸워 이기는 것이며
최선은 싸우지 않고 이기는 것입니다.

사회적 프레임 - 인식의 틀

사람은 태어나면서부터 사회화의 과정을 거칩니다.
사회가 복잡해지고 정보량이 많아질수록 그 과정 또한 길어져
개인적인 독립의 시기가 늦어지기도 하지요.

우린 알게 모르게 사회가 요구하는 모습과
집단이 강요하는 틀을 통해 세상을 바라보게 됩니다.
사실의 옳고 그름이나. 비판적 시각 이전에
사회적 요구에 의한 인식의 틀 안에 갇히게 되지요.

좌우의 대립이나 개발과 보존 논리나 이념의 갈등이나
어느 한쪽을 지지하는 사회 속에서 본질을 놓치고
인식의 프레임에 갇혀 제대로 된 판단을 하지 못하는 경우가 많다는
것이지요.

모든 사물은 내가 인식함으로써 존재하는 것입니다.
그래서 공자님은 말씀하시지요.
"衆好之必察焉 衆惡之必察焉
(중호지필찰언 중오지필찰언)"
모든 사람이 그를 좋아하더라도 반드시 살펴야 하는 것이고
모든 사람이 그를 싫어하더라도 반드시 살펴야 한다는 뜻이지요.

나의 실존적 인식과 경험의 가치를
어떠한 틀에 의한 프리즘을 통해서가 아니고
주변 상황이나 선입관에 흔들리지 말고
제대로 된 판단을 하고 살라는 말씀이지요.

초월이란 단어가 있습니다.
한자로 *超越*이라고 쓰지요.

이는 담을 넘는다는 의미를 갖고 있습니다.
여기서 의미하는 담은 사회적 프레임이 될 수도 있겠으며
자기 인식의 틀이 될 수도 있겠지요.

초월자로서 살아가는 삶의 작은 혁명이
마치 봄 언덕에 풀이 돋아나듯
우리의 삶 속에서 소리 없이 일어나기를 소망해봅니다.

시습(時習)

『논어』의 첫머리가 무언지 아십니까?
그건 "學而時習之不亦說乎"란 문장입니다.
"배우고 때때로 익히면 역시 즐겁지 아니한가?"
너무 흔한 문구이지요.

하지만 우린 學에 초점을 맞추어 살았지
習은 외면하고 살아온 듯한 느낌을 지울 수 없습니다.
이 學도 Learn의 개념보다는 Study의 개념으로
함께할 수 있어야 합니다.

우린 남이 가르쳐주는 것을 배우는 데 익숙한 나머지
그것을 깊이 생각하고 내면화하는 데 소홀해왔습니다.
그리고 習이란 글자를 파자하면
어린 새의 날갯짓을 의미한다는 것을 알 수 있습니다.

즉 실천의 의미를 담고 있으며
그것도 한 번이 아니라 여러 번의 시행착오를 거쳐
날아오를 수 있는 새의 비행처럼 몸으로 체득해야 함을
의미하는 글자가 바로 習인 것이지요.

관념과 실천의 괴리가 커서 슬픈 세상입니다.
알면서도 행하지 못하는 것은 모르는 것보다
더 큰 잘못일 수 있습니다.

때때로 익히는 것을 時習이라고 합니다.
금오신화의 작자 이름이 時習이었으며
그 또한 이름에 부끄럽지 않게 살다간 위인이었음을 생각합니다.

실천이 동반되지 않는 지식은 결국 무지(無知)인 것이며
아무짝에도 쓸모없는 독성 많은 쓰레기에 불과한 것이지요.
조그만 것 하나라도 몸소 행하려고 하는 노력,
그것이 삶 속에서 보석처럼 빛나는 멋스러움이 아닐까 하는 생각을
해봅니다.

중요한 것은 보이지 않습니다

학교를 옮기고 교사 뒤편에 조그만 텃밭을 얻었습니다.
아직 봄의 향기가 미치지 못한 공간이지만
나른한 햇살 아래 조그만 꽃다지 무리가 빼죽 얼굴을 내밀었습니다.

얼마나 반갑던지 툭툭 건드리며 "반갑다."라고 말해주었습니다.
꽃다지 무리는 해마다 자리를 지키며 그곳에서 성장해왔지만
만남으로 인해 특별한 의미가 생긴 것이지요.

그냥 눈으로 보면 이름 모를 잡풀일 수 있겠으나
마음의 눈으로 보면 추운 겨울을 인내하고
봄의 온기를 의지하여 힘껏 자라려는 의지가
그리 가상할 수 없는 들풀이지요.

『어린왕자』를 지은 생텍쥐페리는 이런 말을 했습니다.
"여기 나의 비밀이 있다.
그것은 매우 단순한 비밀이다.
즉 인간은 마음을 통해서만 올바르게 볼 수 있다는 것이다.
본질적은 것은 외형의 눈으로는 보이지 않는다."

우린 오감을 통해 세상을 느끼게 됩니다.
그중에 눈이 담당하는 것이 83%라고 하니

시각의 중요함을 인정하지 않을 수 없습니다.

눈으로 본다는 것은 눈의 감각을 통해서 현상을 보는 것이지만
마음으로 본다는 것은 감성을 통해
내면의 본질을 느끼는 것이라고 할 수 있습니다.
즉 겉만 볼 줄 아는 눈보다는
그 겉과 더불어 속까지 바라볼 수 있는 혜안을 의미하는 것이지요.

마음의 눈이 밝은 사람은
남을 대할 때 좋은 점을 쉽게 발견하고 칭찬해주는 사람이며
부모님이 보내준 청국장의 냄새를 구수하다고 느낄 수 있는 사람이고
햇빛은 눈부심보다 따뜻하다고 느끼는 사람이고
꽃은 아름다움보다 향기를 좋아하는 사람입니다.

사랑, 우정, 믿음, 그리고 정이 든다는 것
그것은 서로를 배려하는 것이며
눈에 보이지 않기에 훨씬 더 진실된 것입니다.

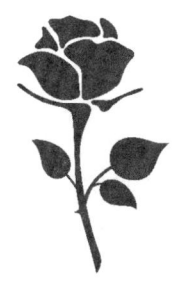

마음이 소중한 이유

화창한 하루를 보냈습니다.
잘 정리된 논둑을 따라 아지랑이가 굼실거리고
햇살을 머금은 대지엔 새봄의 기운이 넘실댑니다.

버드나무는 탱탱하게 살이 올랐고
잎눈도 두세 배 부풀어 금방이라도 터질 듯합니다.
양지바른 언덕 덤불을 들추면
생명의 아우성이 들릴 듯하고
해빙된 연못엔 개구리 울음 속에 잉어가 뜁니다.
이 모든 것이 세월이 몰고 온 자연의 모습입니다.

어느 날 갑자기 생의 마지막을 선고받은 사람들이 있습니다.
그들의 아픔을 승화시킨 책들이 상당히 많이 있지요.
공통적인 사실 중 하나는
자신은 하늘이 무너지는 고통 속에 있는데도
하늘은 여전히 푸르고
다른 사람들은 아무런 느낌 없이 일상을 즐기고 있다는 사실이지요.

모든 것은 마음에서 기인한다는 것이 옳습니다.
고통이나 스트레스도 자신의 내부로부터 시작된 것이 많다는 것이지요.
분노가 일어날 상황이라고 하더라도

개인이 분노를 조절할 수 있다면 더 이상 화로 표출되지 않습니다.

그래서 명상이나 수련, 수행이 중요한 것이고
마음으로 느끼는 감정이 소중한 것이지요.
굳이 원효의 해골바가지 이론을 들이대지 않는다고 하더라도
마음의 심연을 갈고 닦는 것의 중요함을
봄의 문턱에서 스스로 멋스러운 자연 앞에서
큰 울림으로 깨닫는 아침입니다.

클립스타인의 법칙

클립스타인의 법칙이라는 것이 있습니다.
옛날에 우스갯소리로 하던 이야기입니다.
미국 엠파이어스테이트 빌딩 102층에 세 들어 사는 사람이 있었습니다. (전혀 있을 수 없는 이야기니 재미로 읽어주세요.)

어느 날 정전 사고로 승강기가 멈춥니다.
집이 102층이니 안갈 수도 없고,
그는 고민하다가 102층을 걸어 올라가기로 작정합니다.
죽을 만큼 힘들게 올라 문 앞에 선 순간

그는 기절하고 맙니다.

그 이유는 주머니에 손을 넣는 순간
현관 열쇠를 안 갖고 온 사실을 알았기 때문입니다.

우리는 살면서 그러한 경험을 종종 하게 됩니다.
16개의 나사를 다 풀기 전에는
자신이 엉뚱한 커버를 풀고 있다는 사실을 깨닫지 못하고
또한, 커버에 달려있는 16개의 나사를 모두 조이고 나서야
중간에 개스킷을 끼워 넣지 않았다는 사실을
깨닫게 되는 경우이지요.
이를 클립스타인의 법칙이라고 합니다.

이는 일의 순서와 방향에 관한 이야기이기도 하고
덜렁거리는 습성에 대한 경종이기도 합니다.
봄이 되면 도로가 파헤쳐지기 시작합니다.
전기공사에서 한 번, 수도공사에서 한 번,
통신공사에서 한 번….
사시사철 파헤쳐진 도로를 한 번쯤은 경험해보았을 것입니다.

건물을 설계하는 사람은 아주 사소한 것 하나까지
빈틈이 없어야 합니다.
잘못된 수도 파이프 하나 때문에 건물을 헐어낼 수 없기 때문이지요.
우리네 삶도 마찬가지 아닐까요?

삶의 목표를 정하고 시간 계획을 세우고
종종 지나온 자취를 돌아보며 삶에 대한 피드백을 주어야
102층 현관에서 기절하는 삶을 살지 않을 테니 말입니다.

소통, 그 중요한 화두

ARS 시스템이 있습니다.
Automatic Response System의 약자로
자동 응답 시스템을 의미합니다.
예산 절감의 이유로 인간이 아닌 기계가
전화를 대신 받아주는 시스템이지요.

옛날에는 나무꾼이
도끼를 연못에 빠뜨렸을 때
산신령이 나타나 금도끼를 보여주며
"이 도끼가 네 도끼냐?" 하고 물었습니다.

요즘은
"금도끼가 맞으면 1번, 은도끼가 맞으면 2번…"
"사용자가 많아 산신령을 연결할 수 없으니

다음에 다시 걸어주십시오."
이런 디지털 만능 시대에 살고 있는 것이지요.

이들 기기가 가져다준 혁명적인 편리함도 있지만
분명한 것은 인간의 향기가 사라진 공간에
소통의 부재가 남아있다는 것이지요.

지금 일본에서는 수다방이 유행이라 합니다.
생면부지의 사람을 돈으로 구매하여
일정 시간 자기 이야기를 들어주는
수다를 떠는 공간이 수다방인 것이지요.

현대를 살아가는 인간 군상들이
풍요한 것만큼 행복한 것 같아도
그 이면에는 고립되고 소외되어
소통의 부재를 겪는 현대인들의 안타까운 모습이
자리하고 있다는 것도 부정할 수 없는 현실입니다.

소외를 넘어 소통의 경지로 나아가고
사람들끼리의 관계를 회복하려면
상대에 대한 배려 위에 대화를 복원해야 합니다.

사무실에서 대화를 도외시하고
모니터를 통한 가상의 세계에 함몰되어있는 정신세계를

관계 속에 끄집어내는 노력이 절실한 때입니다.

쓰레기를 만드는 동물

세상의 만물은 자연에서 나서 자연으로 돌아갑니다.
인간의 잣대로 분류한 생산자니 1차 소비자니 2차 소비자니
분해자니 하는 복잡한 분류과정을 거치지 않는다고 하더라도
자연은 생명현상이 종료되고 난 후에 아무것도 남기지 않고
완전하게 자연으로 돌아갑니다.

자연은 생명이 유지되는 동안에 많은 것을 먹고 소비하지만
그 삶의 흔적으로 쓰레기를 남기는 법은 없습니다.
모두 자연적인 처리가 가능한 것들이니까요.

하지만 유독 인간만이
쓰레기를 양산하며 살아갑니다.
인간이 훑고 지나간 자리에는 여지없이 쓰레기가 널려있습니다.
어떤 것은 금방 분해되는 것도 있지만
대부분은 몇백 년이 흘러야 분해를 기대할 수 있는 것들입니다.
원래의 성질로 돌아올 수 있는 것을 가역성이라고 합니다.

불행하게도 우리 인간은 비가역적인 쓰레기를 대책 없이 생산하고
잘 치우지도 않는 몰상식까지 겸비하고 있습니다.

어쩌면 그런 일의 중심에는 욕망과 욕심이라는
인간의 타락한 심성이 자리하고 있는지도 모르겠습니다.

먹고 마시는 것은 참으로 중요한 것이지만
될 수 있으면 가역적 쓰레기를 생산하려 애쓰고
욕심을 줄이고 쓰레기도 줄이려 애써야 합니다.
자연을 홀대하고는 인류의 미래를 담보할 수 없기 때문입니다.

말에 대한 소고

합천 해인사에 가면 세계 유네스코 문화유산으로 지정된
팔만대장경이 있습니다.
이 많은 경전 중에서 가장 많이 읽히는 것이 천수경입니다.
천수경은 '淨口業眞言'(정구업진언)으로 시작합니다.

淨口業眞言을 글자 그대로 해석하면
'입으로 지은 업을 깨끗이 하는 참된 말'이란 뜻입니다.

조금 다듬으면 '말을 진실 되게 하라'는 것이지요.

말에도 씨가 있습니다.
이를 말씨라고 표현하지요.
어제 뿌린 씨앗이 오늘의 나를 만들고
오늘 뿌린 씨앗이 내일의 나를 만듭니다.

또한, 말은 상대방보다 자신에게 할 때 더 큰 위력을 발휘합니다.
빌 게이츠가 갑부가 된 비결은 스스로에게 한 말에 있습니다.
"오늘은 큰 행운이 나에게 있을 것이다.
나는 뭐든지 할 수 있어!"
이 말이 그를 성장시킨 원동력이 됩니다.

노자는 "知者不言 言者不知"라는 말을 했습니다.
"말하는 사람은 알지 못하고
아는 사람은 말하지 않는다."라는 말씀입니다.

한 번 헛디딘 발걸음은 제자리로 되돌릴 수 있지만
한 번 내뱉은 말은 결코 다시 주워 담을 수 없습니다.

차라리 기도를 하지 마시고
말을 기도처럼 하세요.
열과 정성을 다한 말은 백 마디 기도보다 더 큰 위력이 있으니까요.

서두르지 않기

제가 태어나서 가장 높이 올랐던 곳은
해발 4,100m의 키나발루 산이었습니다.

높은 산에 오르려면 천천히 올라야 합니다.
체력적인 문제가 아니라
갑자기 고도를 높이게 되면 고산병에 걸리기 쉽기 때문이지요.

우리는 어떤 일을 하더라도
큰일을 하려면 서두르면 안 됩니다.
조금씩이라도 꾸준히 하는 것이 중요하지요.

정상을 오르는 사람은 강하고 빠른 사람이 아닙니다.
자기 자신만의 속도로 최선을 다하는 사람이
정상의 기쁨을 누리게 되지요.

서두르지 않기의 달인은 자연입니다.
봄날에 햇살을 안고 자라는 어린싹을 보셨는지요.
우린 봄이 짧다고 말하지만
싹은 서두르거나 허둥대는 일 없이 꾸준히 자신만의 속도로 성장을
이룹니다.
그리고 자신이 하는 일 하나하나에 최선을 다하지요.

사자는 장난으로 약자를 죽이지 않습니다.
그러나 토끼 한 마리를 잡을 때도 최선을 다하지요.
현명한 사람은 마음이 고요한 사람이고
초조하지 않고 바위처럼 초연한 사람입니다.
믿고 맡겼으면 기다릴 줄 알아야 합니다.
그래서
"의인물용 용인물의(疑人勿用 用人勿疑)"라는 말씀이 있습니다.
사람을 의심하려거든 쓰지를 말고
일단 썼으면 의심하지 말아야 합니다.

세월부대인

3월 말이 되었습니다.
달력을 보면 궁금한 호기심이 하나 발동합니다.
'1월 1일의 기준이 무엇일까?' 하는 것이지요.
불행하게도 저는 그 이유를 알지 못합니다.

달력은 태양을 기준으로 작성되었습니다.
그러면 낮의 길이가 처음으로 길어지는
동지의 다음 날이 1월 1일이 되어야 할 것 같기도 하고

만물이 잠에서 깨어 활동하는 시기가 기준이라면
낮과 밤의 길이가 같은 춘분이 1월 1일이 되어야 한다고
생각도 해보았습니다.

저의 호기심에도 아랑곳하지 않고 세월은 흘러갑니다.
미래는 결코 동떨어진 다른 시간이 아닙니다.
오늘의 시간들이 모여 이루어지는 실상이지요.

삶은 시간이 지배합니다.
우린 시간 속에서 태어나고
시간을 살며
시간 속에서 눈을 감습니다.

인류가 세계적으로 보편적이고 정확한 시간을 갖게 된 것이
19세기 초부터라고 합니다.

고전을 보면 다음과 같은 내용이 있습니다.
"日出而作(일출이작)
해가 뜨면 밖에 나가 일하고
日入而息(일입이식)
해가 지면 집에 돌아와 쉬네…."

어쩌면 그때는 시간이란 구속이 없어 자유가 더 많이 보장되었을지
모릅니다.

분, 초까지 맞추어져 있는 시간은
현대인들에게 많은 혜택을 가져다주었지만
뒤집어보면 시간의 노예화를 촉진하는 결과를 초래했는지도 모를 일
입니다.

시간은 불가역적인 것이고
물리적으로 절대적인 것이긴 하지만
지극히 개인적인 것이기도 합니다.

영화를 좋아하는 여자와
영화를 싫어하는 남자가
러닝타임 100분짜리 영화를 보았을 때
여자의 시간은 참으로 빠르게 흘러갔을 것이고
남자의 시간은 참으로 더디고 지루하게 흘러갔을 것입니다.

시간에 종속되지 않고 시간을 지배하는 자가
미래사회의 주역이 됩니다.
돈을 허투루 쓰는 것에 대해서는 애달파 하면서
그보다 더 중요한 시간을 낭비하는 것에 대해서는
아파하지 않는 것이 보통 사람의 마음입니다.

모쪼록 유한한 자원인 시간 관리를 잘하셔서
두 번 다시 오지 않은 오늘을 잘 보내시기 바랍니다.
하루에 새벽은 두 번 오지 않는 법이니까요.

그래서 옛사람은 이야기합니다.
"歲月不待人(세월부대인)"이라구요.
- 세월은 사람을 기다리지 않는다. -

세상 읽기

겨우내 움츠렸던 난에서
조그만 꽃대가 삐죽이 얼굴을 내밀었습니다.
온도 차가 거의 없는 아파트에 살면서도
봄이 오는 것을 어찌 알았는지 신기할 뿐이지요.

동물이나 식물은 대부분의 시간을
종족 보존을 위하여 온 노력을 집중합니다.
어쩌면 살아있는 형질을 후대에 남기는 것이
모든 생명활동의 근간이 되지요.

꽃을 보면 누구나 아름답다는 생각을 갖게 됩니다.
하지만 꽃의 입장에선 사람에게 별 관심이 없습니다.
꽃은 벌과 나비와 같은 매개물에 온갖 관심을 집중하지요.
그들의 활동이 수정을 통하여 열매를 맺는데

도움을 주기 때문입니다.

꽃은 향기가 물씬 나는 것이 대부분이지만
향이 아예 없거나
오히려 악취가 진동하는 것도 있습니다.

이 또한 인간의 호오의 감정이 동반된 판단이지요.
꽃의 입장에서 보면 벌과 나비를 부르던
악취를 쫓는 파리를 부르던
그들의 본성에 따라 최선을 다해 살아가는 과정일 뿐인걸요.

사람마다 살아온 과정이 다르고
관심이 다르고
생각이 다르고
가치관이 다릅니다.

나와 다르다고 하는 것은 때론 불편함을 동반하기도 하지요.
하지만 다른 것을 틀리다고 표현해선 안 됩니다.
그리고 한걸음 물러서서 상대방의 입장에서
세상을 바라볼 필요도 있는 것이지요.

그런 사람이 더불어 사는 데 있어서 인자한 사람이고
주변을 풋풋한 행복으로 채워주는 좋은 사람입니다.

정운복과 / 함께하는 / 힐링 / 에세이

느리게
산다는 것

사람의 관계 또한 천천히 흘러야 합니다.
깊은 호흡, 편안한 이완, 행복한 느림….
빠르고 성급한 것에서는 느낄 수 없는 것들이지요.

춘치자명

봄입니다.

자연의 질서 그 순환의 오묘함이
올해도 여지없이 진한 감동으로 다가옵니다.
겨울의 끝자락이라
아직까지 누릇한 대지의 마른 내음이 산야를 메우고 있지만
시간의 질서 속에서 냉이는 하얀 꽃을 이었고
산수유의 꽃눈은 노란 꽃봉오리를 머금고
터질 듯 부풀었습니다.

이 시기의 햇볕은 상당히 중요한 것이어서
더디고 게으르게만 느껴졌던 봄볕이
부지런히 생명을 잉태하고
나른한 대지를 깨웁니다.

"춘치자명(春雉自鳴)"이란 말이 있습니다.
"봄철 꿩이 스스로 운다."라는 뜻인데요.
봄에는 따뜻한 기온만큼이나
새끼를 부화하고 기르기에 안성맞춤이어서
알을 낳고 품는 포란이 이루어지는 시기이고

그러려면 암수가 만나야 하니
봄철 꿩이 스스로 우는 이유기도 하지요.
이 말의 속뜻은
"남이 시키거나 요구하지 않아도 때가 되면
스스로 행동함"이랍니다.

이는 연습을 통한 반복 학습이 어느 순간 지고지순한 경지에
오름을 일컫기도 하고
불가에서 말한 돈오(頓悟)의 경지를 의미하기도 하지요.

 * 돈오(頓悟): 수행 단계를 거치지 않고 단번에 깨달음을 의미함.

화단 한 귀퉁이에서 어느새 자라 꽃을 피워 올린
복수초의 노란 꽃망울을 보며
스스로 알아서 행동하지 못하면
초야에 아무렇게나 피어난 들풀보다 더 나을 것이 없음을
심오한 울림으로 깨닫는 아침입니다.

동전의 양면

일본 극우세력이 밉상입니다

그들은 진실을 외면하고 올바름에 눈감으며
심지어 있는 사실을 은폐하고 미화하려는 몸짓에
구역질이 날 정도이지요.

그 밑상 이면엔 진실을 가르치지 않는 교육적 몰가치와
가해자로서의 역사 앞에 반성하지 않는 후안무치가 존재해왔습니다.
어쩌면 일본의 자라나는 세대는 가치 편향적 교육으로 역사적 안목
을 기르는 기회를 영영 잃고 있는지도 모릅니다.

이는 우리도 마찬가지랍니다.
우린 서양과 미국의 가치판단 기준으로 역사를 해석하고 이해합니다.
지금 이 순간에도 그 관점의 기준엔 변함이 없지요.

콜럼버스가 발견했다는 신대륙은 유럽의 입장에서 본 관점일 뿐이지요.
그곳은 예로부터 인디오라는 원주민들이
세세년년토록 농사를 지으며 살아온 삶의 터전이기 때문입니다.

그러니 인디오의 관점에서 보면
하루아침에 문명화된(이 '문명화된'이란 표현도 가치 편향적일 수 있습니다. 문명과 반문명, 비문명, 미개함의 차이 또한 입장과 기준에 따라 다를 수 있는 것이니까요.)
종족이 발달된 무기로 원주민을 몰아내고
노예로 팔아넘기고, 무자비하게 살육하고
역사적으로 큰 죄악을 저지른 것에 불과하니까요.

그럼에도 불구하고 유럽과 미국의
역사책엔 반성의 염(念)이 없습니다.

이스라엘과 팔레스타인의 문제도 그러하지요.
우린 이스라엘과 미국이라는 프리즘을 통하여
사건의 본질에 접근하고 있습니다.

그들이 팔레스타인 사람들에게 얼마나 큰 고통과
잔인함을 보여 왔는지
진실을 볼 수 있는 관점을 갖고 있지 않으면
절대로 올바름이 보이지 않습니다.

어느 쪽이 옳고 어느 쪽이 그르다는 흑백논리를 이야기하려는 것이
아닙니다.
대부분의 인간사에 있어서 입장의 차이라는 것이 존재하게 마련이
고, 어느 한쪽으로 치우친 사고를 통해서는 사건의 본질에 도달할 수
없다는 아주 평범한 진실을 이야기하고 있는 것이지요.

자신을 표현하는 입이 한 개이고
남을 받아들이는 창구인 눈과 귀가 두 개인 이유는
어쩌면 한 쪽만 보지 말고 다른 쪽도 살펴보라는 신의 섭리라고 한다
면 지나친 사고의 비약일까요?

심리적 마지노선

미국에 1마일(1.61Km) 경주라는 달리기 대회가 있습니다.
1954년까지는 그 누구도 1마일을 4분 내로 주파하는 사람이 없었습니다.
의사를 비롯한 생체학자 등 전문가들은 인체 기능상 4분 내로 주파한다는 것은
사실상 불가능하고 주장하였습니다.

1954년 '배니스터'라는 의대생이 최초로 마의 4분 벽을 허뭅니다.
흥미로운 것은 4분 벽이 깨지고 나서 18개월 동안
무려 24명의 도전자가 4분 벽을 깨었다는 사실이지요.

어찌 보면 이 전문가들이 설정한 마의 벽 4분이라는 것은
인체공학상의 설계보다는
심리적 마지노선으로 작용되었을 가능성이 큽니다.

사람은 외부의 사물이나 조건에 의하여 방해를 받는 것이 아니라
그 사물을 보는 스스로의 시각에 의하여 방해를 받습니다.
우리가 적극적으로 사고한다면 상황도 적극적이 될 것이며
우리가 부정적으로 사고한다면 상황도 부정적으로 될 것입니다.

하얀 백지에 점을 하나 찍어 보여주면

대부분 사람은 점만을 바라보게 됩니다.
하지만 그보다 훨씬 더 큰 백지를 바라볼 수 있어야 합니다.

심리적 마지노선은 정말 넘기 힘든 경계임에는 틀림이 없습니다.
알고 있는 것과 행동하는 것은 일치하기가 어려우니까요.
하지만 심리적인 저항선인 이 선을 털고 일어나지 않으면
인생의 찬란한 기쁨을 선물 받기 어려울지도 모릅니다.

새로 지급받은 올 한해도 벌써 4월이 되었는데
무엇 하나 제대로 한 것이 없이 보낸 세월에 미안함을 보태며….

페르소나

'아상[我相]'이라는 말이 있습니다.
국어사전을 빌려오면
"자기의 처지를 자랑하여 다른 사람을 무시하거나 업신여기는 마음."
을 의미합니다.

즉 자기도취에 빠져서 남의 입장과 처지를 바로 보지 못하고
아집 속에서 헤어나지 못하는 것을 의미하지요.

우리가 갖고 있는 행복의 척도도 지극히 개인적인 것입니다.
나의 관점에서 상대방이 불행하게 보일지라도
상대는 지극히 행복해 할 수 있다는 것을 인정해야 합니다.

가진 것 없이 가난하여 끼니를 걱정하는 사람들
문명의 뒤안길에서 소외되어 야생적으로 살아가는 사람들
우린 그들을 미개하여 불행한 사람들로 치부할 수 있겠지만
오히려 그들이 더 인간미 넘치는 삶을 영위할 수도 있다는 것을
깨달아야 합니다.

소외의 개념도 등 뒤에서 외로움을 느끼는 자의 몫이지
자기 생활에 만족하며 작은 행복을 일구어가는 사람들의 몫은 아니지요.

우리가 살아가는 사회에서는 자신의 진면목을 드러내는 것보다
느낌과 진실을 숨김없이 이야기하는 것보다
사회나 집단에서 요구하는 생각이나 태도, 역할 때문에
스스로를 속이는 행동을 하는 경우가 많습니다.
그것을 심리학용어로는 외적 인격이라고 표현하기도 하고
페르소나(가면)라는 용어로 나타내기도 하지요.

체면이 되었든, 사회적 신념이 되었든
그 무엇이 되었든 간에 자신의 마음과 생각에 반하여
행동하는 것은 그리 행복해보이지 않습니다.

살아가면서 약간의 포장은 필요한 것이겠지만
그것이 주가 되고 내가 부가 되는 삶은
결코 바람직하지 않기 때문입니다.

꽃이 아름다운 이유는
자신을 꾸미고 포장해서가 아니라
있는 그대로의 존재를 발산하기 때문이라는 작은 진실을 생각하는
아침입니다.

더불어 살기

한때 IQ니 EQ니 MQ니 하는 말들이 유행한 적이 있습니다.
그 연장선상에서 NQ라는 말도 있지요.
Network Quotient의 약자인 NQ는
공존지수를 의미합니다.

즉 함께 더불어 살아가는 능력이며,
거기에는 양보와 배려, 그리고 이웃의 소중함이 들어있습니다.
네트워크, 즉 관계라는 것은 혼자서는 절대로 만들어지는 것이 아닙니다.

상대가 있을 때 비로소 생성되는 개념이지요.

더불어 살기의 큰 스승은 자연입니다.
그들은 누가 시키지 않아도 이른 봄부터 늦가을에 이르기까지
개화의 시기를 조절하고
유한한 대지를 공유하기 위하여 일찍 싹터 일찍 열매 맺는 부류와
늦게 싹터 늦게 열매 맺는 부류로 나뉘어 살아갑니다.

또한, 땅에 붙어사는 식물에서부터 관목과 교목으로
층을 이룬 숲은 유한한 공간을 효과적으로 나누어 쓰며
공존의 원리를 지키고 있습니다.

불가에서는 연기[緣起]라는 표현을 씁니다.
모든 과보(果報)는 인연에 따라 일어나는 것으로
세상의 모든 사물이나 현상들이 무수한 원인과
조건의 상호 관계를 통하여 일어남을 뜻하는 말이지요.
인간의 삶은 두 부류로 나눌 수 있습니다.
혼자 사는 삶과 더불어 사는 삶이 그것이지요.
혼자 살아가는 것은 자기 자신에게 최고의 유익을 가져다줄 것으로 보이지만
관계성을 상실하면 행복해지기가 어렵습니다.
그래서 사람을 인간(人間)이라고 부르는 것이지요.

큰 나무는 자신을 위하여 그늘을 만들지 않습니다.

그리고
어두운 밤거리의 가로등 또한 자신을 비추기 위하여 존재하는 것이
아니지요.

* EQ: 감정지수 / MQ: 도덕성 지수 / HQ: 유머 지수

타조 세대와 캥거루족

날지 못하는 새 중에서 가장 덩치가 큰 것이 타조입니다.
우리나라에서 타조가 식품으로 분류된 것은 최근의 일입니다.
타조는 그리 똑똑한 새가 아닙니다.

부화기에서 깬 타조 새끼를 홀로 놓아두면
아무리 먹이를 많이 주어도 곧 죽게 됩니다.
모이를 먹는 방법, 물 마시는 방법을 모르기 때문이지요.
그래서 조그만 병아리나 오리를 함께 넣어줍니다.
행동양식의 학습을 위해서이지요.

이 타조는 맹수가 덤벼들 경우에
그 큰 덩치로 도망치다가

현실에서 도피하고자 머리만 모래 속에 파묻습니다.
멀리 바라보지 못한 근시안적인 행동이지요.
요즘 부모들이 자식을 위해 노후를 돌볼 겨를 없이 올인합니다.
그러한 세대를 타조 세대라고 부를 만하지요.

그에 비하여 아이들은 한없이 나약하고
경제적으로 부모에게 의존하는 경향이 높아
심지어는 환갑 때까지도 독립하지 못하는 경우가 생깁니다.
부모를 의지하지 않고는 살아갈 수 없는 젊은이들을
캥거루족이라고 합니다.

옛날 아이들과 텐트 치고 숙박하는 야영을 갔을 때
쓰레기 속에 섞여 있는 소주병은 용서할 수 있어도
멀쩡한 식용유, 오이, 가지 등 부재료가 함부로 버려진 것은
용서할 수 없었습니다.
경제관념이 없는 아이들이 성인이 되어
나라의 주역이 된다고 생각하면
우리의 노후가 안전하게 담보되는 것 같지 않아 참으로 걱정스럽습니다.

우리의 아이들에게 나약함을 물려줄 것이 아니라
이제 과감하게 캥거루의 육아낭 속에서 나올 수 있는 교육
스스로 일어설 수 있는 교육을 해야 합니다.

가장 위험한 것은 가난이 아니라 복지에 대한 의존성입니다.

준화현상

봄입니다.
책을 읽다가 작자 미상의 작품인데
내용이 재미있어 잠깐 옮겨봅니다.

  稞麥笛聲楊液動 [과맥적성양액동] 보리피리 소리에 갯버들 물오르니
  采蔬佳婦運身輕 [채소가부운신경] 나물 캐는 새악시 몸놀림 가벼웁다.
  小郞耕作濃浮弄 [소랑경자농부롱] 밭을 갈던 총각 녀석 짓궂은 희롱에
  娘叔採蓬鳴不鳴 [낭난채봉명불명] 쑥 캐던 아가씨 얼굴 빨개 울먹울먹.

봄은 이성을 찾는 계절입니다.
春이란 글자 속에는 야한 성질이 잔뜩 들어있거든요.
봄을 뜻하는 글자이지만 국어사전에는
"젊을 때 남녀의 연정"이란 의미도 들어있습니다.

춘화(春畵)는 도색적인 그림을 이야기하고
춘정(春情)은 남녀 간의 그리운 정을
사춘기(思春期)는 이성을 그리워하는 시기를 의미하고
춘심(春心)은 남녀 사이의 정욕을 나타냅니다.

춘향전의 춘향(春香)이란 이름이 괜히 생긴 것이 아닙니다.
봄의 향기, 즉 야한 향기를 날리는 풋풋한 여인이란

의미가 내포되어서가 아닐는지요.
(이건 저의 주장이고, 검증된 사실은 아닙니다.)

남녀가 어찌 되었든 간에 봄은 옵니다.
그리고 춘화현상이라는 것이 있습니다.
봄이 되면 개나리와 목련, 산수유 등이 일제히 꽃망울을 터뜨립니다.
이들은 잎이 나기 전에 꽃이 피고 지는 특징이 있지요.

이 춘화현상이라는 것은 혹독한 겨울을 지내지 않고는
봄에 꽃이 개화하지 않는 현상을 의미합니다.
어떤 고난이든 의미 없는 고난은 없습니다.
겨울이 있기에 봄이 찬란할 수 있습니다.

그리고
봄이 오는 소리는 두근거리는 설렘을 안고 옵니다.
봄의 왕성한 기운처럼
더불어 사랑하는 계절을 보내시기 바랍니다.

위기는 기회입니다

4월의 쌀쌀한 날씨 속에서도
교정의 산수유가 노란 꽃망울을 이었습니다.
다른 나무는 죽은 듯이 겨울잠에서 깨지도 못하고
잎눈이 부풀지도 않았는데
쌀쌀한 봄바람을 시위하듯 꽃이 피었습니다.

마른 대지, 마른 땅, 삶 또한 피폐해져 가려는 때
봄비의 풋풋한 기운 속에서
따뜻한 가슴으로 피어난 꽃
반가운 마음에 한동안 말을 걸어 보았습니다.
"겨울이 많이 추웠지?
너를 만나 봄을 추억할 수 있어 반갑다."

조금 있으면 봄의 순결 목련이 피어나겠지요.
목련은 추운 겨울을 지내고야 꽃을 피웁니다.
꽃이 멋스럽다고 해서 열대지방에 옮겨 심으면
목련은 꽃망울을 터뜨리지 못합니다.
추운 겨울이 없기 때문이지요.

고생이 클수록 영광도 큰 것입니다.
위기(危機)라는 말씀이 있습니다.

그것은 위험(危險)과 기회(機會)가 같이 들어있는 단어이지요.
"위험한 장사가 많이 남는다."라는 속설처럼
위험할 때가 진정 기회가 될 수 있다는 것이지요.

미국 앨라배마주에는 다음과 같은 비석이 있습니다.
"우리는 목화를 갉아먹었던 벌레에게 깊은 감사를 드립니다."
좀 엉뚱한 비석이지요?
원래 이곳은 목화의 주산지였습니다.
그런데 목화벌레의 극성으로
기근과 실직의 아픔을 겪었지요.

결국, 그들은 이 재앙을 이기기 위해
목화 대신 콩, 감자, 옥수수 등을 재배하기 시작했으며
지금은 세계적인 땅콩 생산지가 된 것이지요.

지금이 힘드시나요?
하늘이 무너져있지는 않나요?
절벽 끝에 서계시지는 않나요?

역사적 성공의 반은 실패의 역경을 딛고서야
이루어졌다는 사실로 위로로 삼자고 하면
지나친 억지일까요?

숲속 학교

아파트 현관을 나서면
건물 안보다 바깥이 따뜻한 기온 역전 현상에서,
고사목처럼 죽은 듯 말라있던
철쭉의 여리디 연한 잎 순에서,
이미 와있는 봄을 느낍니다.

꽃이 피는 조건은 오로지 태양에 달려있습니다.
즉 따뜻한 온도와 낮이 길이가 그것인데요.
올해 벚꽃이 예년보다 일주일 정도 늦게 핀다고 합니다.
이는 올봄이 예년보다 추웠다는 것을 의미하지요.

그런가 하면 기온이 아무리 적당해도
낮의 길이가 짧아지거나 길어지지 않으면 피지 않는 꽃도 많습니다.
가로등 아래의 코스모스는
가을이 되어도 꽃을 피워 올리지 못합니다.
생체 시계가 무너진 탓이겠지요.

숲속 학교라는 것이 있습니다.
중은 도를 닦으러 산으로 갑니다.
아이들은 세상을 배우러 숲으로 가지요.
우리가 삶 속에서 배워야 할 대부분의 것이 이미 숲에 있습니다.

숲에서 자연과 더불어 자라난 아이들에겐
작위적인 면보다 포근한 심성을 가진 사람으로
성장할 가능성이 큽니다.

자연은 항상 시혜자의 모습으로 우리 곁을 지키고
침묵으로 자신의 길을 걷는
정직한 구도자의 모습이니까요.

길가에 아무렇게나 피어난 꽃이나 잡초도
그 속에 우주의 질서가 존재하고
열정과 순수, 그리고 세상에 초연한
도인의 모습이 보이니까요.

기본에 충실하기

농사철이 시작되었습니다.
어릴 적부터 농촌에서 나고 자랐지만
농사만큼 심오한 것도 없다는 생각을 합니다.

우리는 흔히

"정년퇴임 하면 농촌으로 내려가 농사나 지으며 살아야지."
라는 표현을 즐겨 합니다.
'농사나 지으면서 살아야지.'라는 말의 저변엔
농사를 함부로 대하는 일면이 녹아있는 것 같아 아쉬움이 많습니다.

농사는 아무나 쉽게 지을 수 있는 것이 아닙니다.
기본적으로 흙을 사랑해야 하고
심으려는 작물의 특징을 잘 알고 있어야 하며
북 주기와 김매기, 비료 주기, 순 잡기 등
시기에 맞추어서 해야 할 일을 잊어선 안 되기 때문입니다.

훌륭한 농사꾼은 4월을 가장 중요하게 생각합니다.
밭을 깊게 갈고 흙을 잘게 부수어
밭을 부드럽게 만드는 심경(深耕)을 해야 하고
식물의 성장에 충분한 퇴비를 주어 지력을 살려야 하며
산성화된 토양을 중성화하는 등
이러한 노력이 모두 농사철의 시작인 4월에 하지 않으면
안 되는 일이기 때문입니다.

눈에 보이지 않는 이런 것들이 잘 준비되지 않고는
그해 농사의 성공을 기대할 수 없습니다.

우린 잘 자란 농작물 앞에서
그 튼실한 열매를 감탄만 할 것이 아니라

그동안 농부가 흘린 땀의 의미와
잘 준비한 보이지 않는 것들에 대한
깊은 성찰을 해야 할 필요가 있습니다.

보이지 않는 뿌리가 깊지 않고는
보이는 잎의 무성함과 열매의 달콤함을
기대할 수 없기 때문입니다.

봄은 진달래로부터 옵니다

봄은 진달래꽃으로부터 옵니다.
그런 봄의 전령사 진달래꽃이 피었습니다.

양지바른 곳에 다소곳이
연분홍 진달래가 수줍게 피어나면
얼룩빼기 황소를 몰고 재 너머로 밭갈이 가던
풋풋한 어린 시절이 떠오릅니다.

토방 아래에는 어미 닭이 병아리를 보듬고
거름으로 쓸 인분은 마당가에서 시골 향을 풍기고

할 일이 없는 바둑이는 고양이 몰이에 지쳐
누릇한 햇살 아래 늘어지게 잠이 듭니다.

나무에 물이 통통하게 올라
땔감으로서의 효용성이 떨어진 탓에
나무하기에서 해방된 지게에 바작을 얹어
두엄을 져 날라야 하는 시기도 이때이지요.

꽃을 감상하기가 쉽지 않았던 시절이라
뒷동산에 올라
진달래를 한 아름 꺾어다 빈 병에 꽂아두면
노지보다 일이십일 앞당겨 피는 꽃을
신비스럽게 감상하던 때도 그 시절의 일입니다.

진달래는 애정의 표상입니다.
향가 중 헌화가에서
소를 끌고 가던 노인이 수로부인에게 바쳤던
사랑의 징표도 절벽 위에 핀 진달래(철쭉)이구요.
나보기가 역겨워 가시는 임에게도
뿌려놓은 꽃이 진달래꽃이니까요.

자세히 살펴보면 진달래는 꽃잎이 다섯 장이구요.
암술 하나에 수술은 10개인 꽃이지요.
군락을 이뤄 불타는 듯 한 산야의 멋스러운 시절이

곧 눈앞에 펼쳐지겠지요.

어쩌면 인생에 이렇게 좋은 계절이
몇 번이나 찾아올까 하는 조바심마저 이는
참 좋은 계절입니다.

이렇게 좋은 봄인데
일부는 '봄을 탄다.'라는 표현으로 우울해합니다.
이참에 봄을 타지 말고 즐기시기 바랍니다.

봄이 오는 소리

갈색 나무가 조금씩 푸른 옷으로 갈아입는 계절엔
버들가지에 물이 오르는 소리가 쪼르르 들릴듯하고
현기증을 동반한 아지랑이 사이로 몽글몽글 봄이 피어납니다.

온갖 꽃들이 다투어 피어 시각적인 부귀를 누리고
아울러 후각적인 영화를 누릴 수 있는 봄은
무슨 일을 해도 배시시 웃음이 나는 계절입니다.

교사 앞 양지바른 담벼락 아래엔
겨우내 말라 죽은 것만 같았던 꽃 잔디가
어느새 분홍색 꽃 무리를 이어
보는 사람의 마음도 아름답게 바꾸는 요술을 부리고 있습니다.

겨우내 메마르고 얼었던 몸과 마음이
따뜻한 햇살의 유혹을 거부하기 어려워
설렘을 안고 들로 산으로… 발길 닿는 대로 걷고 싶은
그런 계절이기도 합니다.

봄은 사람을 들뜨게 합니다.
그래서 옛사람들은 "봄바람이 난다."라는 표현으로
봄 앓이를 염려하곤 했지요.

봄엔 출근길을 늦게 만드는 용의자들이 많습니다.
병아리와 어린아이를 연상케 하는 개나리부터
막 시집온 새악시의 부끄러움 같은 연분홍 진달래
조금씩 푸름을 잠식하는 이름 모를 들풀조차도
봄이 놓은 기분 좋은 덫입니다.

인터넷에서 본 글입니다.

잠시 눈을 감고 귀 기울여보세요.
마른 나무에 수액이 오르는 소리,

여기저기 꽃망울 터지는 소리에
대지가 술렁이고 있습니다.

지금 당신의 슬픔, 고통, 외로움도 잠시 내려놓으세요.
멀지 않은 곳에서 생명의 희망이
당신을 향해 달려오고 있습니다.
봄이니까요.

경포대 벚꽃 축제

햇살이 좋은 봄날
나이스 강의를 빙자하여 강릉 나들이에 나섰습니다.
길 양안으로 온갖 봄꽃이 다투어 피어
자연이 연출한 향연에
아무런 대가 없이 초대받은 것 같은 호사스런 행운을 누렸습니다.

경포 호수를 병풍처럼 둘러싼 화려한 벚꽃에
천지에 가득한 순백의 물결에
잠시 세상의 시름을 잊었습니다.

봄을 수놓은 꽃 중에 비슷한 것이 있습니다.
매화와 벚꽃이 그것이지요.
저는 개인적으로 벚꽃보다는 매화를 좋아합니다.

매화는 벚꽃보다 이른 시기에 개화합니다.
즉 겨울에 잉태하여 꽃샘바람을 견디고 피어나는 강인함이 있고
향기 또한 벚꽃보다 진합니다.
매향이라는 단어는 들어본 적이 있지만 벚꽃향이란 단어는 별로 들어본 적이 없지요?

그래서 매화는 수수해도 사군자 안에 들었지만
벚꽃은 화려해도 사군자 안에 들지 못했습니다.

또한, 매화는 튼실한 매실로 결실을 맺지만
벚꽃은 버찌로 익어갑니다.
그 열매의 효용성에도 매화를 따라가지 못하지요.

저의 호오(好惡)의 느낌과 상관없이 지금 벚꽃이 흐드러지게 피었습니다.
문제는 그 아름다운 만개의 시간이 너무 짧다는 것이지요.
절정기가 너무 짧다는 것은
그 단명 때문에 그 순간이 더 소중하게 다가올 수 있음을 의미합니다.

사라지는 것보다 아름다운 것은 없습니다.

인생도 짧기 때문에 아름다운 것이지요.

그러니 기쁠 때 기뻐해야 하고
즐거울 때 즐거워해야 합니다.
오늘의 행복을 내일로 미루지 마세요.
어쩌면 내일은 영원히 오지 않을 수도 있으니까요.

한결같음

우리가 한세상을 살아간다고 하는 것은
남과의 인연을 맺어가는 것입니다.

일찍이 공자는 지나온 삶의 과정을 반성하면서
딱 한마디로 정리합니다.
그것이 오도일이관지(吾道 一以貫之)라는 말씀이지요.
(나의 도는 하나로 일관성을 유지한 것이다.)
이것을 한 단어로 줄이면 일관성이고
일관성의 다른 표현은 한결같음입니다.

한결같음과 처음처럼을 비슷한 말이라고 주장하면

이상한가요?

우리가 살아가면서 감동받는 대부분의 일상은
한결같음에 있습니다.
한결같음이란 믿고 있는 것과 행동하는 것 사이에
갈등이나 차이가 없는 것을 의미하고
말과 행동 사이의 일관성을 의미합니다.

해병대에서 즐겨 사용하는 문구엔 다음과 같은 구절이 있습니다.

....

　　낙엽은 떨어져도 소리가 없고
　　새는 울어도 눈물이 없고
　　해병은 죽어도 말이 없다.
　　누군가 해야 할 일이라면 내가 하고
　　언제가 해야 할 일이라면 지금 하고
　　피할 수 없는 일이라면 차라리 즐겨라.

....

한결같음을 배울 수 있는 문구입니다.

한결같은 사람은 세찬 바람에도 흔들리지 않고
고난 속에서도 자신의 옳음을 꺾지 않습니다.
세월이 흘러도 언제나 변함없는 사람

하늘이 무너질 것 같은 괴로움을 안고 찾아온 사람에게
그저 소주 한잔에 말없이 어깨를 두드려줄 수 있는 그런 사람입니다.

맑은 가난

가난은 상대적인 것입니다.
우리나라는 부유한 나라에 해당합니다.
세계적으로 10위 정도의 부를 유지하고 있으니까요.

먹을 게 없는 절대적 가난이 있는가 하면
남보다 더 가지지 못하여 가난하다고 느끼는
상대적 가난이 있습니다.

맑은 가난을 한문으로 옮기면 청빈(淸貧)이 됩니다.
청빈은 단순히 게으르거나 무능해서가 아니라
청렴이 가난의 원인이 될 때만 성립되는 개념입니다.

후진국일수록 부패지수가 높고 빈부의 격차가 심합니다.
정직한 사람이 가난하게 되는 정도는
그 사회의 도덕적 수준에 반비례하며,

청빈에 대한 사회적 존경은
그 사회의 부조리 수준에 비례합니다.

우리나라에서 태어난 것을 고맙게 생각해야 합니다.
세계에서 6초마다 한 명의 어린이가 굶주림으로 목숨을 잃습니다.
세계 인구의 0.1%가 전 세계 부의 40%를 소유하고
세계 인구의 50%는 하루 2달러 미만의 생계비로 살아갑니다.

1달러만 있어도 의약품을 구입하여 목숨을 구할 수 있는데도
그 1달러가 없어 어린 생명이 죽어가기도 하고
조금만 치료하면 나을 상처인데도
돈이 없어 다리를 절단한 사람도 있습니다.

우리가 먹기 싫어서 버리는 막대한 양의 음식은
굶주려 뼈만 앙상하고 배만 불룩 나온 사람들에게는
생명 그 자체일 수도 있으며

우리가 식용이 가능한 비교적 깨끗한 수돗물을
정수해 먹는다고 집집마다 정수기 놓느라 법석 떨 때
흙탕물 한 동이를 긷기 위하여 왕복 열 시간을 걸어야 하는 사람도
있습니다.

우리가 뚱뚱해진 몸매의 살을 빼기 위하여 고생스럽게 운동할 때
누군가는 굶어 죽지 않기 위하여 고생스럽게 돈벌이를 해야 하는 사

람도 있지요.

관념적인 가난은 피부로 느껴지지 않습니다.
만약에 내가 집에 들어갔는데 쌀통엔 쌀 한 톨 없고
아이들이 배고프다고 울며 매달리는 현실에 봉착해있다면
그 현실이 얼마나 아플까요?

부유할수록 인색해지는 삶이 되어선 안 됩니다.
내가 가진 것이 없더라도 절대적인 빈곤에 비하면 행복한 것이며
나의 작은 도움이 꺼져가는 생명에겐 구원의 불빛이 될 수도 있습니다.

가진 것이 많아야만 부유한 것은 아닙니다.
그리고 가진 부가 행복을 담보해주지도 못하지요.
부유층이 오히려 자살률이 높으니까요.

가난하게 태어나는 것은 당신의 잘못이 아니지만
가난하게 죽는 것은 당신 책임이라는 말씀이 있습니다.
가난보다 부유한 것이 좋은 것임에는 틀림이 없지요.
다만 따뜻한 마음과 시각으로 손길이 필요한 사람을 어루만질 수 있는 더불어 사는 방법을 연습할 때입니다.
움켜쥠이 곧 행복이라는 등식을 버려야 합니다.

삶과 경험

삶은 경험의 묶음이며
각각의 경험은 우리의 삶을 한층 풍부하게 합니다.

전문직종의 사람들은 좁은 시야와 사고의 틀에 매일 수 있습니다
자신의 분야에서는 높은 지적 성취를 이뤘을지 모르나
다른 쪽엔 상대적으로 문외한인 경우가 많습니다.

인간은 경험의 다양성에 비례하여
시야나 성숙도가 발달하기 때문입니다.

옛날에 서예학원을 다닌 적이 있습니다.
1년에 두 번 정도는 전시회를 갖지요.
전시회를 통해 느끼는 가장 큰 것은
'나보다 잘 쓰는 사람이 상당히 많다'는 사실입니다.
그것이 자신의 아집을 깨는 좋은 기회가 되지요.

사람은 자기 경험 범주를 벗어나지 못합니다.
그래서 많이 보고, 많이 배워야 합니다.

그러나
장자는 "만물제동(萬物齊同)"이라 주장합니다.

즉 "만물은 모두 같다."라는 말씀이지요.
선악, 미추, 시비, 길흉, 화복, 빈부, 귀천, 이해, 득실…
이런 모든 것들이 차별적이나 대립적인 것이 아니고
모두 같다는 절대적인 사고를 주장합니다.

즉, 위와 같은 것을 대립적이고 차별적으로 보는 견해는
인간이 스스로의 시각에 얽매여 빚어진 환상이나 착각이라는 것입니다.
이런 무차별의 경지에 다다를 수 있어야
절대 평등에 이를 수 있다는 것이 장자의 가르침입니다.

데생을 비롯한 실사 그림으로 내공을 쌓지 않으면
아주 단순한 추상화라도 잘 그릴 수 없습니다.

장자의 절대자유에 다다르려면
일단 역지사지(易地思之)의 입장에 근거한 판단과
경험의 질을 높여야 합니다.

경험도 주어지는 것이 아니라 찾아가는 것입니다.
샘이 거기에 있기를 바라는 홀씨가 되지 말고
힘차게 뿌리를 뻗어 물을 찾는 건강한 새싹이 되어야 하는 이유이지요.

느리게 산다는 것

현대사회의 특징을 꼽으라고 하면
모든 것들이 빛의 속도로 빠르게 변화하고 움직인다는 것입니다.
따라서 빠름은 최고의 미덕이 되는 것이고
느림은 게으르고 현실 부적응이며, 능력 없음의 의미가 됩니다.

매일 차 타고 다니던 아파트 앞길을
어쩌다 걸어갈 때가 있습니다.
빠를 때는 전혀 보이지 않던 길가에 노랗게 피어난 민들레와
이제 막 싹을 틔우기 시작한 두릅
겨울을 이기고 한 뼘이나 자라있는 마늘
하루가 다르게 커가는 이름 모를 나뭇잎
무심히 넘겼던 것들이 시야에 들어오는 기쁨이 있습니다.

느림 속에서 세월이 지나야 멋스러운 것들이 있습니다.
장독대에서 세월을 견디고 익어간 장맛이 그러하고
참나무통에서 오랜 세월 발효를 거친 향기로운 와인이 그러하고
토굴에서 세월에 따라 익어간 젓갈류의 맛이 그러합니다.

이는 사람도 마찬가지여서
목수는 세월이 흘러야 대목장이 되고
구두닦이도 세월이 흘러야 광택의 기품이 있으며

연기자도 세월이 흘러야 진솔한 명품 연기가 나옵니다.
세월로 익은 재능엔 흉내낼 수 없는 깊이가 있게 마련이지요.

느림이란 시간을 급하게 다루지 않고
시간에 떠밀리지 않는 것이며
삶의 길을 가는 동안 나 자신을 잊어버리지 않고
세상을 받아들일 수 있는 능력을 기르는 것을 의미합니다.

사람의 관계 또한 천천히 흘러야 합니다.
깊은 호흡, 편안한 이완, 행복한 느림….
빠르고 성급한 것에서는 느낄 수 없는 것들이지요.

생각하지 않는 사람

나이가 들면서 확연히 느끼는 것 중의 하나가
'기억력이 예전과 같지 않다.'라는 사실입니다.
슬픈 현실이지만 거부할 수도, 돌이킬 수도,
피해갈 수도 없는 현상 중 하나이지요.

어쩌면 노화 이전에

중·고등학교에 다니면서 치열하게 머리에 담고자 했던 노력에 비하여
살아가면서 담고자 하는 노력의 적극성이 결여되었기 때문일 수도 있
겠지요.

생활 속 스마트 폰과 인터넷의 세상에 푹 잠겨버린 일상이
생각의 심연 속으로 들어가지 못하게 하는
얄팍한 뇌 구조 속으로 우리를 인도하고 있는지도 모릅니다.

동일한 문제를
모니터를 통한 온라인 문제지와
종이에 인쇄된 오프라인 문제지로 제공하였을 경우에
종이에 인쇄된 시험지의 정답 반응이 상대적으로 높았다는
연구 결과가 있습니다.

어쩌면 인터넷으로 대변되는 정보통신의 혁명적인 발달이
무차별적으로 대뇌를 자극하고
분별없이 소비되고 남발되는 댓글 놀이 속에서
자신의 현재 위치를 상실하는 결과가 초래되기 쉽습니다.
가끔은 인터넷을 끄고, 스마트 폰을 닫고
인쇄된 책자에 접근할 필요가 있습니다.
그것이 집중력을 높여주고 생각의 힘을 길러줍니다.

딱딱해진 머리를 단순히 나이 탓으로만 돌릴 것이 아니라
유연한 사고와 깊은 사색을 통하여

말랑말랑한 뇌 구조로 돌아가기 위한 노력만이라도
아끼지 말았으면 좋겠다는 생각을 했습니다.

쉼표와 여백

음악이 아름다운 이유는 음표와 음표 사이에
쉼표가 있기 때문이고
동양화 한 폭을 그리 오래도록 보고 있어도 질리지 않음은
순수한 여백의 미가 있기 때문입니다.

우린 때로 삶에서 쉼표와 여백을 놓치는 경우가 많습니다.
너무 바쁘다는 핑계로
목적한 바를 이루지 못했다는 강박관념 때문에
쉼을 유예하고 살아가는 경우가 많다는 것이지요.

두 사람이 벼 베기를 했습니다.
한 사람은 쉬지 않고 일을 했고
한 사람은 쉬엄쉬엄하였습니다.
해 질 녘 하루 종일 한 일의 양을 비교해보니
쉬엄쉬엄 한 사람이 훨씬 더 많은 벼를 베었습니다.

그때 쉬엄쉬엄한 현자(賢者)가 이렇게 말하지요.
"당신이 쉬지 않고 일할 때 나는 그늘에서 쉬면서 낫을 갈았다네."

가끔은 멈추어 서서 지나온 길을 반추하며 정리할 시간을 가질 필요도 있고, 내가 가고 있는 길의 방향성을 점검해볼 필요도 있습니다.

쉼이 길면 멈춤이 되겠지만
적당한 쉼은 삶의 활력으로 충분히 기능하는 것이니까요.
이제 복권을 사지 말고 꽃을 사보세요.
허황된 꿈의 결과로 공허함만 안겨주는 로또보다는
저녁 식탁에서 은은한 향기로
조그만 행복을 배달해 주는 한 송이 꽃이
훨씬 더 가치로울 수 있으니까요.

머리를 숙이면 부딪치지 않습니다

상선약수(上善若水)는 노자의 말씀입니다.
지고지순한 최고의 선함은 물이라는 뜻이지요.
물은 아래로 흘러 자신을 낮추어 가는 과정을 끊임없이 되풀이합니다.
누구나 낮은 위치에 자신을 내맡긴다는 것이 쉽지 않은 일이기에 노자의 말씀은 더욱 빛나보입니다.

나를 낮추면 세상이 나를 높여주고
나를 높이면 세상이 나를 낮춥니다.

우리가 경계해야 할 것 중 하나는
잘난 체와 생색내기입니다.
아주 잘난 사람이 잘난 체하는 것도 보아주기 어려운데
하물며 보통 사람이 잘난 체하면 얼마나 꼴불견일까요?

심리학에 방어기제라는 것이 있습니다.
방어기제란 자아가 위협받는 상황에서
무의식적으로 자신을 속이거나, 상황을 다르게 해석하여
감정적 상처로부터 자신을 보호하려는 심리적 상태를 의미합니다.

즉 잘난 체하는 사람을 잘 보면 부족함이 많이 보입니다.
어쩌면 자신의 부족함을 방어하기 위하여 나타나는 반동형성으로
잘난 체를 하는 경우가 많다는 것이지요.
뒤집어 표현하면 별 내세울 것 없는 불쌍한 사람이라는 해석이 가능
합니다.
해석과 타인의 인식 이전에
자신을 낮추고 상대방을 높이면 세상이 밝아집니다.
기분 좋은 행복이라는 것은 혼자서 이뤄낼 수 있는 가치 편향적인 것
이 아니라

사람과의 관계 속에서 공유할 수 있는 느낌이라는 것이지요.

겸손으로 덕을 이루고
침묵으로 본을 보여야 합니다.
어쩌면 그렇게 살 수 있었으면 하는 소망이기도 하지요.

가이아 이론

가이아 이론이라는 것이 있습니다.
영국의 제임스 러브콕이라는 사람이 주장한 이론인데요.
가이아(Gaia)는 그리스 신화에 나오는 대지의 여신입니다.
어머니처럼 지구의 생명을 보살펴주는 자비로운 신이지요.

가이아 이론은
지구는 스스로 생존능력을 지닌 살아있는 생명체라는 이론입니다.
지구는 주위 환경을 스스로 조절할 수 있는
살아있는 생명체라는 주장은
곧 살아있는 지구를 의미합니다.

여기서 살아있는 지구라는 개념은

유아기적 물활론적인 사고방식이 아닙니다.
환경과학이나 인류학적으로 볼 때 스스로 항상성을 유지하는 존재라는 것이지요.

산업과 의학의 발달로 인구 폭발을 가져왔는데요.
살아있는 지구는 각종 전염병이나 전쟁, 자연재해를 통하여
스스로 부양할 수 있는 인구수를 조절한다고 주장하는 사람도 있고요.

지구 평균 기온인 13.9도인데
지구는 이 기온을 지키기 위하여 스스로 환경을 조절하는 능력이 있다고 주장하기도 합니다.

맬서스는 인구론에서 식량의 산술적 증가와
인류의 기하급수적 증가의 모순적 구조 속에서
다가오는 식량의 위기를 악덕과 빈곤이 해결해줄 수 있다고 주장했습니다.
즉 질병과 기아에 허덕이고 굶어 죽는 사람이 속출하는 현실을
살아있는 지구의 건강한 일면으로 본 셈이지요.

푸드쇼크(Food Shock)라는 표현이 있습니다.
지구 한쪽에서는 비만과 다이어트가
또 다른 쪽에서는 기아와 질병의 언밸런스한 상황을 의미합니다.

또한, 선진국들은 후진국이 식량 걱정에서 해방되는 것을 원하지 않

습니다.
우루과이라운드를 맺어 보호무역을 철폐하고
농업에서도 첨단 기술로 비교 우위를 통해
세계 경제의 패권을 잡으려 하고
종자전쟁을 통한 거대자본의 독식 구조를 선점하려고 하지요.

지금 우리에게 필요한 것은 추악한 자본주의의 일면이 아니라
사랑으로 함께할 수 있는 공생의 하모니입니다.
그래야 인간이 먹을 수 있는 옥수수를 자동차 연료로 만들지 않고
고구마를 바이오에탄올로 만들지 않습니다.

먹을 것이 없어 굶어 죽어도 괜찮은 인간은 하나도 없습니다.

낙엽귀근

2차 대전의 주축국은 독일과 일본입니다.
이들은 자국의 이익을 극대화시키기 위하여
주변국을 전쟁의 도가니로 몰아넣었고
인류에 씻을 수 없는 상처를 안겼습니다.

몇 해 전에 독일에 갔을 때의 일입니다.
대부분의 유럽 나라는 적어도 500년 이상 된
오래된 시가지가 존재합니다.
특히 자연환경과 잘 어울려 중세의 분위기를 풍기는 옛 건물은
문화유산으로서도 심미적인 관점에서도 참으로 멋스럽습니다.

하지만 독일에는 오래된 도시가 없습니다.
2차 세계대전 당시에 연합군의 폭격으로
도시 전체가 파괴되어 살아남은 오래된 건물이 없기 때문이지요.
유명한 괴테 하우스도 기초만 남은 건물을 복원한 것입니다.

일본도 마찬가지이지요.
세계에서 유일하게 원자폭탄에 피폭된 나라이고
철저하게 파괴된 잿더미 위에서
일본 천황은 항복 선언을 하게 됩니다.

그러나 두 나라는 2차 대전 이후에 너무나 다른 길을 걷습니다.
독일은 수상이 가는 나라마다 전쟁 주축국으로서
상대 국가와 국민들에게 아픔을 주었다는 것을 고개 숙여 사죄합니다.
그리고 적이었던 연합군 묘지에 참배를 잊지 않지요.

그러나 일본은 역사적 진실을 외면하고
수상의 신사참배를 강행하는 등
반성은커녕 주변국들에게 사과 한마디 없습니다.

지금의 일본 아이들은 역사의 실체적 진실을 배울 수 없으니
참 가여운 나라이지요.

이것은 어쩌면 지리적 상황에서 기인한 결과인지도 모릅니다.
덴마크 폴란드 체코 오스트리아 스위스 프랑스 룩셈부르크 벨기에 네덜란드
이 나라들은 독일과 국경을 맞대고 있는 나라입니다.
독일은 주변국과의 어울림 속에서 살 수밖에 없는 구조를 갖고 있지요.

하지만 일본은 섬나라입니다.
국경을 맞대는 나라가 한 나라도 존재하지 않지요.
그러니 자기네들끼리 더불어 사는 화(和) 사상은 발전했을지 몰라도
대승적으로 큰 틀에서의 어울림은 배우지 못한 게지요.

어찌 보면 고급스러운 문화의 발달은 일본이 앞서 있는지 모릅니다.
하지만 아시아나 유럽 등 세계적인 열풍을 일으키는 것은 한류입니다.
이는 사죄하지 않는 일본을 싫어하는 나라들이 주변에 너무나 많다는 것이고
그 반사이익도 한몫을 했다는 것을 부정할 수는 없습니다.

우리가 세상을 멋스럽게 살아내는 방법도
인정할 것은 인정하는 것입니다.
손바닥으로 하늘을 가릴 수도 없거니와
하늘을 가린들 무슨 의미가 있을까요?

낙엽귀근(落葉歸根)이란 말이 있습니다.
떨어진 낙엽은 다시 뿌리로 돌아갑니다.
자신이 행동한 결과는 결국 자신에게 돌아가게 되어 있는 것이
세상을 사는 이치인 것이지요.

만물제동

비가 내렸습니다.
뜨락에 서면 언제 이렇게 자랐나 싶게 풀들이 자라있습니다.
자연의 성장은 소리 없이, 꾸준하게 조금씩 조금씩 이루어진 것인데도
우린 가끔 중간 과정을 잊어버릴 때가 많습니다.

산야에 아무렇게나 자란 풀이나 나무들
아주 작은 잡초에 이르기까지
인간이 관심을 두던 그렇지 않든 간에
자신들만의 질서를 유지합니다.
그것이 진정 자연의 위대함이지요.

에어컨을 비롯한 도시의 삭막함으로는
흉내낼 수 없는 계곡의 맑은 바람

봄의 푸름이 채색된 산야는 그 자체가 순수함입니다.

인간은 스스로 지구의 주인이라 자처하고
만물의 영장이라 자위하며
자연을 착취하고 남용하여 왔습니다.

노르웨이 철학자 '아르네 네스'는
"인간은 다른 종들과 마찬가지로 자연계에서
한 부분을 차지하고 있는 존재일 뿐이다."라는 말을 했습니다.
모든 생명체는 그들만의 독특하고 고유한 가치를 갖고 있다는 것이지요.

이는 장자의 만물제동(萬物諸同: 만물은 모두 같은 것이다.)
의 사상과도 그 궤를 같이합니다.
우린 자연 앞에서 우월감을 표시할 필요도
우쭐할 이유도 없는 것이지요.
다만 공존의 원리로서 함께함이 중요합니다.

자연은 묵언수행을 하는 수도승처럼
침묵 속에서 저만의 색깔로 자신을 드러냅니다.
자연은 앞서 달리는 선구자의 모습이 아니라
배경과 여백의 미를 즐기는 도인의 모습을 닮아있습니다.

어쩌면 가장 똑똑하다고 여기는 종족인 호모사피엔스는
자연의 묵묵한 실천력과 더불음의 고귀함을

겸허한 자세로 배워야 할는지도 모르겠습니다.

악마의 애정

추운 겨울 아침 나무마다 붙어있는 하얀 상고대처럼
푸르름 속에 핀 싸리 꽃 군락이 참으로 멋스럽습니다.

루소는 에밀에서 다음과 같은 말을 합니다.
"자식을 불행하게 만드는 가장 확실한 방법은
언제나 무엇이든지 가질 수 있게 하는 것입니다."

이는 지나친 애정과 과잉보호로 인하여
스스로 자립기반을 닦을 기회조차 주지 않는
부모의 그릇된 행동양식을 질타하는 것입니다.

네덜란드 유학생 이야기가 생각납니다.
길을 가다 넘어진 아이를 보고 황급히 달려가 일으켜주고
흙을 털어주었는데
부모가 상당히 얹잖아 하더라는 것이지요.
그 시선 속에는 '당신이 무슨 권리로 우리 아이가 스스로 일어날 수

있는
기회를 박탈하느냐?' 하는 것이지요.

소나무 중에서 가장 좋은 재목은 적송(赤松)입니다.
적송은 나이테 사이가 좁아 단단하고 색이 미려하기 때문이지요.
만약 나이테가 넓으면 쉽게 자란 나무여서 속이 무르고 쉽게 뒤틀립니다.
험한 환경에서 자란 나무가 나이테가 좁고 단단합니다.

사람도 그러하지요.
자연산 진주는 참으로 영롱한 빛을 냅니다.
진주가 만들어지기 위해서는 조개에 상처가 있어야 합니다.
그 상처를 치유하기 위한 아픈 노력이
진주라는 위대한 결과물을 생성하는 것이지요.

아프지 않고 크는 나무는 없습니다.
모진 환경 속에서 비바람을 견디고 자란 나무는
결코 작은 가뭄엔 말라죽지 않습니다.

지금 아이가 무척 사랑스럽지요?
그럴수록 자식 교육을 엄격하게 시켜야 합니다.
오냐오냐 기른 자식이 할아버지 수염을 잡아당기는 법이니까요.

소주는 소주가 아닙니다

광고의 특징은 뻥튀기를 동반한 과대성에 있습니다.
주변을 둘러보면 광고가 허위나 과장이 아닌 게 드뭅니다.
우리가 흔히 마시는 참이슬이나 처음처럼과 같은 소주는
희석식소주(稀釋式 燒酒)로서 燒酒라고 써야지 燒酎라고 써서는 안 됩니다.

酎(주) 자도 술의 일종이지만 엄밀하게 따지자면
일반적인 술과는 달리 세 번 거듭 빚어 만든 진한 술로서
주정에 물을 섞어 만든 희석식에는 쓸 수 없는 것이며
안동소주와 같은 증류식에만 사용할 수 있는 한자랍니다.
그러니 '소주(燒酎)는 소주(燒酒)가 아니다.'라고 표현해도
영 틀린 말은 아닌 것이지요.

몇 해 전에 사이다 광고를 "천연 사이다."라고 했다가 시정 명령을 받은 적이 있습니다.
그 천연이란 글자를 '泉淵(샘물과 연못물)'이라고 작게 써놓아서
보통 사람들이 '天然(자연이 만든)'이란 의미로 잘못 해석할 수 있는
과대광고라는 것이지요.

아이러니한 것은 백세주와 같은 술을 규제하지 않는 것입니다.
백세주(百歲酒)는 말 그래도 먹으면 100세까지 장수한다는

정말 어처구니없는 의미를 담고 있는데도 시정명령이 없습니다.
어쩌면 이는 사람들이 당연시하는 인지 방식 때문인지도 모르지요.

오늘은 몇 번이나 광고에 노출되셨나요?
TV만 켜면 자신을 사달라고 조르는 온갖 광고의 홍수
인터넷과 스마트 폰, 라디오 및 메일과 문자
심지어는 엘리베이터를 타도 LED 광고를 쉽게 볼 수 있습니다.
즉 인간이 있는 곳에는 광고가 있다고 해도 과언이 아니지요.

문제는 이런 광고의 홍수가 합리적인 소비를 방해하고 있다는 것이
지요.
또한, 같은 기능을 하는 제품이라도 광고를 많이 할수록
소비자가 광고비를 비싸게 물어야 하는 비합리적 소비 구조를
잘 파악하지 못하는 경우도 많습니다.

우리도 삶 속에서 자신을 광고하는 경우가 많습니다.
가급적 자기 자신의 장점을 드러내려 애쓰고
단점을 감추려 노력합니다.
물론 그런 노력이 필요한 것이지만
가끔은 허심탄회하게 자신의 허점을 노출하고
더불어 함께할 수 있는 진솔함이 필요할 때가 있습니다.
가식적인 포장보다는 진실된 내면이 더 아름다울 수 있으니까요.

망초 이야기

갑작스러운 기온 상승에
봄꽃이 화들짝 피었다 지더니
오월 한낮 태양의 열기에
벌써 그늘이 그리워집니다.

식물들은 경쟁적으로 자라
엄나무는 따 먹기 좋을 정도로 자랐고
뽕나무도 어린 포도송이 같은 오디의 꽃순을 키우고 있고
하이얀 배꽃이 스러진 자리엔
진주 구슬만 한 배가 세월을 인내하고 있습니다.

농사지을 때 김매기를 하면
제일 먼저 뽑아야 하는 것이
봄에 웃자란 쑥, 다닥냉이, 벌꽃, 세포아풀, 망초 등이랍니다.

올해 풀을 뽑으면서
처음 안 사실이 있네요.
그 흔한 망초를 나물로 먹을 수 있다는 사실입니다.

망초는 亡草로 쓰니 '나라를 망하게 하는 풀'이라는
억울한 누명을 쓰고 있는 풀입니다.

1900년대부터 활발하게 퍼지기 시작한 이 풀은
요상한 풀이라 여겨 나라가 망할 징조란 의미인
망국초(亡國草라)고 불리게 되었고
얼마 지나지 아니하여 을사늑약으로 인하여
주권을 잃었으니 우연치고는 대단한 우연이지요.

국화과 한해살이풀인 이 망초는
장소를 가리지 않고 어디서나 잘 자랍니다.
그런데 아무짝에도 쓸모없이 보였던 이 풀이
봄나물이라는 것이 믿기지가 않더군요.

망초를 소금물에 살짝 데쳐서
된장에 버무려놓으면
투박하면서도 향긋한 맛이 일품이랍니다.

망초는 예나 지금이나 변함없이 자리를 지키고 있건만
먹을 수 있다는 관념이 들어간,
즉 개인의 욕심이 투영된 마음으로 바라본 망초는
갑자기 귀한 풀로 보이기 시작했습니다.
이 또한 인간의 욕심으로 인한 편향된 가치판단이겠지요.

우린 세상을 살아가면서
사람의 됨됨이와 능력을 인지하지 못하고
함부로 에둘러 판단할 때가 많습니다.

인간은 태어나는 그 순간부터
그 자체가 존엄한 것임을 한시라도 잊어선 안 된다는 사실을
망초를 뜯으며 깨닫습니다.

대추토마토 심던 날

서양 속담 중에
"토마토가 빨갛게 익어가면 의사의 얼굴은 파랗게 질린다."라는
말이 있습니다.
그만큼 토마토가 몸에 좋다는 이야기지요.

엊그제 종묘상에서 대추토마토 10뿌리를 사서
텃밭에 심었습니다.
밭을 깊게 갈고 까만 비닐을 씌우고
물을 흠뻑 준 후에 모종을 정성껏 심었지요.

토마토는 과일이 아닌 채소로 분류된다는 건 알고 계시지요?
대추토마토는 방울토마토에 비하여 약간 길쭉하여 대추 모양을 하고 있으며
과육이 단단하고 당도가 높아 아주 고급스러운 작물이랍니다.

맛도 맛이지만 영양학적이나 의학적인 효능도 좋아서
항암, 혈압, 다이어트, 피부미용에도 좋다고 하니
올해는 토마토를 많이 먹어야겠다는 생각을 했습니다.

『타임지』가 발표한 10대 건강식품이 있습니다.
토마토, 시금치, 마늘, 녹차, 적포도주
견과류, 연어, 블루베리(가지), 브로콜리(양배추) 귀리(보리)가 그것인데요.
이는 서양 사람들의 판단 기준으로 작성된 것이긴 하지만
나름대로 의미가 있어보입니다.

세계 보건 기구에서 발표한 건강에 해로운 10대 음식은
기름에 튀긴 식품, 소금에 절인 식품, 가공류 고기 식품
과자류 식품, 콜라류 식품, 패스트푸드, 통조림 식품
설탕이나 소금에 절인 과일류, 냉동 간식류 식품
숯불 구이류 식품이 꼽혔습니다.

인간이 살아가는 데 필요한 세 가지를 의식주(衣食住)라고 합니다.
저는 그것이 왜 식의주 순서가 아닌지 이해할 수 없습니다.
옷은 안 입어도 살 수 있지만 안 먹고는 살 수 없기 때문입니다.

사람이 음식물을 섭취하는 것은 즐거움이며
생명을 유지하기 위한 필수적인 행위이지만
동시에 노화의 큰 원인이기도 합니다.

좋은 음식을 올바른 방법으로 먹는 노력을 해야 합니다.
그것이 9988234(구십구 세까지 팔팔하게 살다가 이삼일 앓다 죽는 행복)로 가는
지름길이 아닐까 생각합니다.

대추토마토를 심던 날에….

복숭아 꽃그늘 아래서

봄나물을 뜯을 요량으로 산에 올랐습니다.
아래쪽 인가 근처에는 복숭아꽃이 지고 없지만
외롭게 산 중턱을 지키는 개복숭아 나무엔
복숭아꽃이 한창입니다.

복숭아와 개복숭아는 열매 차이가 크지만
꽃으로 구분하기는 어렵습니다.

역사 이래로 복숭아처럼 사랑받은 과일이 또 있을까 싶습니다.
『삼국지』 유비, 관우, 장비가 형제의 연을 맺은 곳이 복숭아밭이라
도원결의(桃園結義)라는 말이 생겨났고

무릉도원(武陵桃源)이니 몽유도원도(夢遊桃源圖니) 하는 것이
모두 복숭아밭을 형용하는 것을 보면
도연명의 도화원기(桃花源記) 이후에
복숭아는 이상향의 상징이 되었지요.

복숭아는 종류도 참 많아서
암킹이라는 종이 6월 하순부터 생산되어
장호원황도는 10월 상순에 이르며
대부분 8월 초쯤에 집중적으로 출하되는 특징이 있습니다.

또한, 복숭아는 피부에 좋아서
예로부터 궁중에서는 왕세손을 목욕시킬 때
오지탕(복숭아나무, 버드나무, 뽕나무, 괴화나무, 매화나무)을
만들어 사용했다는 기록이 있습니다.

잘 익은 복숭아는 그 꽃만큼이나 미려해서
미인의 뺨이 붉은 것을 복숭아빛에 비유하기도 했고
시인 이상화는 「나의 침실로」라는 시에서
…………

   마돈나' 지금은 밤도 모든 목거지에 다니노라. 피곤하여 돌아가런도다.
   아, 너도 먼동이 트기 전으로 수밀도의 네 가슴에 이슬이 맺도록 달려
   오너라.
…………

위와 같은 표현으로 여성의 아름다운 가슴을

수밀도에 비유하기도 하였지요.

* 수밀도: 살과 물이 많고 맛이 단 복숭아

여하튼… 계절의 여왕 오월입니다.
가정의 달이기도 한 오월
상대방을 왕으로 대하면 자신은 왕비가 되는 것이고
상대방을 왕비로 대하면 자신은 왕이 되는 셈이니
서로를 섬기는 마음으로 좋은 시간 보내시기 바랍니다.

고향 집 앞에서

햇살이 오붓한 휴일
산나물을 뜯으러 옛날 태어나고 살았던
동네 뒷산에 올랐습니다.

도랑 치고 가재 잡던 개울은
세월의 흐름을 이기지 못하고 속절없이 파여나가
옛 모습을 잃었고
심을 땐 내 키만 했던 낙엽송은
자랄 대로 자라 아름드리로 성장을 이루고 있었습니다.

강산이 변한다는 말씀의 진정성을 느낄 수 있는 하루였지요.

수시로 올라다녔던 옛 오솔길은
사람이 다닌 흔적이 없어
그 자취마저 인멸되어버렸고
그 공간엔 봄을 맞은 생명들이 푸름으로 분주합니다.

이미 고사리와 고비는 늦었고
계곡에 자란 두릅도 성근 가시를 내밀어
나물꾼에게 해방된 기쁨으로 자랑스레 하늘을 떠받치고 있습니다.

그래도 나물취, 미역취, 삽추싹, 잔디, 더덕, 다래순….
산은 여전히 많은 것을 품고 있었습니다.

옛날 화전을 일구던 밭에 갔습니다.
나무가 우거져 그 옛날 이곳이 밭이었단 흔적조차 느낄 수 없었는데
산길을 한 시간이나 걸어야 도착하는 거리
그 먼 거리를 오가며 농사짓는 것도 쉽지 않은 일인데
콩이며 팥, 옥수수, 고구마, 조, 보리….
이런 수확물을 일일이 지게로 지고 날라야 했던
고단한 부모님의 삶이 눈에 밟혔습니다.

그것이 결코 오래된 시절의 이야기가 아니고 보면
'요즘은 농사를 참 편하게 짓고 있구나.' 하는 느낌을 버릴 수 없었습

니다.
어쩌면 그 쉬움 이면에는 아주 작은 시련에도
쉽게 좌절하는 현대인들의 나약함이 있는지도 모릅니다.

"승풍파랑(乘風波浪)"이란 말씀이 있습니다.
바람에 의지하여 험한 파도를 넘는다는 의미의 성어는
온갖 어려움을 극복하고 일을 성취하는 것을 뜻합니다.

고향의 산야는
고생이 되었든, 고난이 되었든, 시련이 되었든
우리 삶에서 의미 없는 어려움은 없다는 것을
마음 심연으로부터 깨닫게 해주었습니다.

병아리 깨기

요즘 자연산 병아리가 많이 생산될 시기입니다.
화천 누이의 집에 부화기가 있습니다.
백열전구로 일정한 온도를 맞추어주고
습도를 유지시켜주며
가끔씩 알을 굴려주고 21일이 지나면

노랗고 예쁜 병아리가 생산됩니다.

대량생산에는 적합한 시스템일지 모르지만
어미 닭의 보살핌과
애정 어린 온기를 느끼지 못하고 태어난 병아리는
인간 세상의 기준으로 보면 말 안 듣고 되바라진
문제계(問題鷄)가 될 가능성이
높지 않을까 하는 생각을 했습니다.

어찌 되었거나 부화하는 데 있어서
중요한 것은 알이 반드시 유정란이어야 한다는 것이지요.
배아가 들어있지 않은 무정란은
백날을 품어야 곧 계란밖에는 되지 않습니다.
내 안에 싹이 있어야 성장할 수 있습니다.

자녀를 기를 때도
지나친 조바심으로 인하여
아직 성장하지도 않은 알인데
왜 깨어나지 않느냐고
성급하게 밖에서 두드리는 경우가 많습니다.

아이를 돕는다는 것은 아이의 속도에 맞게 인내하며
한 발자국 떨어진 곳에서의 기다림을 의미하는 것이지
그것도 못하냐고 윽박지르며 빼앗아 해결해주는 친절을 뜻하는 것이 아닙니다.

결국, 알을 깨고 나오는 것은 어미 닭이 아니라
병아리 자신이니 말입니다.

스스로 알을 깨면 병아리가 되지만
남이 알을 깨면 계란 프라이밖에 되지 않습니다.
오늘이 항상 깨어남의 날이고 깨달음의 날이며
득도(得道)의 날이 되길 기원합니다.

* 닭 사료가 비싸 이제 그만 기르려고 애쓰는 중인데 풀숲 어디선가 자기 스스로 알을 낳고 품어서 어느 날 갑자기 10여 마리의 병아리를 데리고 다니는 어미 닭들이 있어 웃어야 할지 울어야 할지 고민되는 봄입니다.

경적필패

"경적필패(輕敵必敗)"란 성어가 있습니다.
적을 가벼이 여기면 반드시 패한다는 의미랍니다.
누구인들 장점과 단점이 없겠습니까마는
상대를 무시하는 순간 상대를 통해 배우고 성장할 수 있는 기회를 놓치는 것이지요.

자신감과 자만심의 경계는 아주 미미합니다.
자신감은 유지하되 결코 자만으로 빠져서는 안 되는 것이지요.
준비 없는 산행은 야트막한 야산에서도 길을 잃을 수 있는 것이고
아무리 쉽다 한들 공부하지 않고 면허시험에 합격하기는 어려운 일입니다.

가끔 유명한 테니스 선수가 무명의 선수에게 패했다든지
바둑 9단이 아마추어 기사에게 패했다든지
피파 랭킹이 100단계 차이가 나는데도 이기지 못했다든지….
우리 주변에서 흔히 일어나는 일들입니다.
대부분은 상대를 너무 쉽게 생각했기 때문이지요.

그렇다고 상대방을 지나치게 과대평가해서도 안 됩니다.
사회적 지위나 재력, 명예 때문에 위축되어선 안 되는 것이지요.
나보다 나은 사람에게 비굴하지 않고
나보다 못난 사람을 경멸하지 않는 것
그것이 삶을 당당하게 할 수 있습니다.

오만은 독선을 부르고
독선은 낭패를 부릅니다.
당당하되, 겸손을 유지할 수 있어야 하고
상대방을 인정하되, 업신여기지 않아야 합니다.

진심이 실종되면 위선과 가식이 남습니다.
성공의 맹목에 진실이 눈을 감아서도 안 됩니다.
진심은 무장(武將)의 칼보다도 예리하고
지혜로운 자의 혀보다도 날카롭기 때문입니다.

월하독작(月下獨酌)

시선(詩仙)으로 일컬어지는 이태백이 지은 시 중에
「월하독작(月下獨酌)」이라는 시가 있습니다.
'달빛 아래서 홀로 술을 마시며…'
이렇게 해석할 수 있는 오언배율 형식의 한시이지요.

교교한 달빛이 안개처럼 스민 파스텔톤 세상에서
혼자 잔 들어 마시는 술의 흥취와 여운을
아주 잘 표현한 수작(秀作)이라고 할 수 있는 시입니다.

술은 마시는 방법에 따라서 다음 세 가지 문화로 분류할 수 있습니다.

자작문화권(自酌文化圈)은 자기가 마시고 싶은 만큼 마시는 문화로
유럽 등 서구 나라에 많고, 혼자 늘 마실 수 있으므로

대체로 알코올 중독자가 많습니다.

건배문화권(乾杯文化圈)은 건배를 외치며 술잔을 기울이는 문화로
러시아, 중국 음주 문화에 흔히 나타나며
독특한 건배사로 재미를 주기도 하지요.

수작문화권(酬酌文化圈)은 서로 술잔을 주고받는 음주 문화로
우리나라가 해당하며 가장 짧은 시간에 가장 많은 술을 마실 수 있는 구조로
고주망태가 많이 발생하는 것이 특징입니다.

만약 올림픽에 '음주'라는 종목이 있으면
우리나라가 금메달을 독식할 가능성이 큽니다.
또한, 과잉 음주와 과잉 접대가 자랑스러운 일이고
술 먹고 저지른 실수가 법정에서 용서되는 사회 역시
우리나라만이 갖고 있는 독특함입니다.

그런 음주 문화가 조금씩 변하고 있습니다.
아주 바람직한 현상이지요.
그래서 요즘 불기 시작한 것이
119니 112니 222란 운동입니다.

119운동이란 1가지 술로, 1차만, 밤 9시 전에 끝내자는 뜻이고
112운동은 1가지 술로 1차에서 2시간 이내에 끝내자는 뜻이며

222운동은 2가지 술을 섞지 않고, 2잔 이상 권하지 않으며, 2차를
가지 않는다는 의미랍니다.

그리고 5-No 운동이라는 것도 있는데
그 다섯 가지는
원샷, 돌리기, 폭탄주, 권하기, 2차 술자리라네요.

어찌 되었거나 고주망태가 많이 사라진 사회는
무척 아름다워보입니다.
가끔 좋은 사람들과 대취하여 세상을 안아보는 것도 좋긴 하지만
정신없이 빠른 호흡의 세상에서 올바른 정신을 갖고
세상과 더불어 사는 것도 의미 있어보입니다.

이백의 「월하독작(月下獨酌)」 전문을 싣습니다.

…………

　　花間一壺酒 [화간일호주], 獨酌無相親 [독작무상친]
　　꽃 사이 놓인 한 동이 술을 친한 이 없이 혼자 마시네.

　　擧盃邀明月 [거배요명월], 對影成三人 [대영성삼인]
　　잔 들어 밝은 달을 맞이하고 그림자를 대하니 셋이 되었구나.

　　月旣不解飮 [월기불해음], 影徒隨我身 [영도수아신]
　　달은 전부터 술 마실 줄 모르고 그림자는 부질없이 흉내만 내는구나.

暫伴月將影 [잠반월장영], 行樂須及春 [행락수급춘]
한동안 달과 그림자 벗하며 행락은 모름지기 봄에 맞추었다

我歌月排徊 [아가월배회], 我舞影凌亂 [아무영능란]
내가 노래하니 달은 거닐고 내가 춤을 추니 그림자 어지러워

醒時同交歡 [성시동교환], 醉後各分散 [취후각분산]
깨어서는 모두 같이 즐기고 취한 뒤에는 제각기 흩어지네.

影結無情遊 [영결무정유], 相期邈雲漢 [상기막운한]
길이 무정한 놀음 저들과 맺어 아득한 은하에서 다시 만나세

정운복과 / 함께하는 / 힐링 / 에세이

사랑하면
보입니다

'나는 당신을 봅니다.'라는 표현 속에는
당신의 눈을 통해서 나를 본다는 의미도 함께 들어있습니다.
본다는 것과 안다는 것, 안다는 것과 이해한다는 것은
본질적으로 같은 것입니다.

배고픈 부자와 철없는 부자

큰애가 중학교에 들어갔을 때입니다.
가정환경 조사서를 자기 손으로 작성해냈는데
생활 정도에 상(上)에 표시를 해서 제출했더군요.
그 결과는 학교 발전기금을 내라는 통지문으로 돌아왔습니다.

발전기금 내는 것이야 낼 수 있다지만
당시 엑셀을 끌고 다니며 전세방을 전전하던 시절인데
생활 정도를 上이라고 느끼고 사는 아들놈에게
실상을 말해줘야 할지, 그릇된 자부심을 놓아둬야 할지 참 고민스럽더군요.

제가 태어난 때는 전후(戰後)에 재건이 어느 정도 이뤄지고 난 후
베이비붐 끝자락의 어디쯤일 것 같습니다.
이른 아침부터 늦은 저녁까지 농사일로 하루를 보냈지만
배는 여전히 고팠고 삶의 모습은 나아질 기미가 없는
다소 힘들고 암울한 시기였다고 기억합니다.

지천명(知天命의) 나이가 되고 나니
부자는 아니지만, 때마다 끼니 걱정은 하지 않아도 되었고
그럭저럭 거주할만한 집과 자가용을 어렵지 않게 굴리고 있으니
그만하면 물질적 구속 없는 삶이라 할 만하지요.

하지만 때때로 상대적 빈곤감 때문인지
늘 가난하다고 느낄 때가 많고
더 많이 벌고 더 많이 저축해야 한다고 생각하고
남을 돕거나 기부를 한다는 것은
늘 나중에 해야 할 몫이라고 생각해왔음을 부인할 수 없습니다.

배고픈 부자라는 말씀이 있습니다.
물질적으로는 부자지만 마음은 부자가 아닌 사람을 의미하지요.
부자의 개념이 얼마큼 가져야 부자인지 모호한 상태에서
속단하기는 어렵지만 먹고살 만한 대부분의 사람은
좀 더 갖길 원하여 자신은 항상 가난한 배고픈 부자일 가능성이 큽니다.
그래서 남을 돌아볼 여유를 갖지 못하는
자기중심적 사고에 함몰되어 살아가는 경우가 많지요.

그런가 하면 철없는 부자도 있습니다.
자신의 노력 없이 부모의 유산으로 인한 부자가 된 경우로
항상 자기만 옳다고 우기는 편협한 감정에 빠져있는 경우가 많고
자기만 잘났다는 그릇된 엘리트 의식이 강한 것이 특징이지요.
이런 사람들 옆엔 그저 돈만 바라보는 어리석은 친구들이 득실대게 마련입니다.
절제를 모르기 때문에 방탕하기 쉬워 망하기도 쉽지요.

우린 더 가질수록 존경받는 부자가 되어야 합니다.

존경받는 부자는 부의 생성 과정에 떳떳함이 존재하고
많이 가지고 있어도 절제의 미덕을 알며
혼자만 살고자 하는 편협함에서 벗어난 여유와 풍요로
더불어 사는 사람들을 의미합니다.

그리고 부자들을 향해 손가락질할 필요도 없습니다.
어쩌면 그런 행위는 나의 가난함의 보상심리일 가능성이 크지요.
부자가 나쁜 것이 아니라
나쁜 방식으로 부자가 되는 것이 나쁜 것이며
가난을 떨치기 위해 노력하지 않은 게으름이
더 나쁜 것이 아닐까 하는 생각이 들었습니다.

하지만 남에게 손가락질을 당하더라도
펑펑 쓸 돈이 있는 부자가 되고 싶은 게 진실이라면
너무 세속적인가요?

명품 인생

우린 최신형 아이패드나 갤럭시탭을 구입하면
갑자기 내가 세상의 선두에 서서 첨단을 걷고 있다는 착각에 빠지기

도 하고

명품백이나 명품 액세서리를 달고 있으면

스스로가 명품 인생이 된 것 같은 착각에 빠지기도 합니다.

백화점 명품관에 전시된 조그만 핸드백이

500만 원을 호가하는 것이 있습니다.

얼마나 좋은 재료로, 얼마나 대단한 정성으로 만들었기에

그리 비싸게 가격이 책정되어 있는지…

소시민인 저로서는 이해할 수 없습니다.

사람들이 명품을 선호하는 이유는

물론 제품의 우수성과 내구성 심미성도 있지만

자신의 재력을 드러내는 척도로서의 과시욕 때문이기도 하고

인품의 우월이 아니라 걸치고 갖고 있는 것으로 인한

남과의 차별적 우월감이 존재하기 때문이기도 하지요.

물론 비싸고 좋은 것을 사서 오래 쓰는 것이 합리적인 소비일 수도 있지만

요즘의 명품의 경향은 호화 브랜드의 인지도를 비싸게 구입하는

경우가 많다는 것이 문제지요.

자기 돈 가지고 자기가 소비하는 것에 대하여

배 놔라 감 놔라 할 자격이 없다고 이야기하면 할 말은 없지만

가난한 사람이 아르바이트나 카드빚, 명품계와 같은 방법을

동원하여 명품에 빠져 허우적대는 것은
결코 바람직해보이지 않습니다.

진짜 부자는 장날표 2만 원짜리 옷을 걸치고
2천 원짜리 떡라면을 먹어도 남들이 우습게 보지 않습니다.

그리고 걸치고 두르는 것으로는 명품 인생을 만들 수 없습니다.
차라리 그 돈으로 책을 구입하여 마음의 양식과
영혼의 굶주림을 다스리는 것이
인생을 훨씬 더 멋진 명품으로 만들어줍니다.

일생의 만남

시인 '정현종'의 「방문객」이란 시에
다음과 같은 구절이 있습니다.

....

   사람이 온다는 건
   실은 어마어마한 것이다.
   그는

그의 과거와

현재와

그리고 그의 미래와 함께 오기 때문이다.

한 사람의 일생이 오기 때문이다.

....

참으로 깊은 고뇌를 하게 하는 시입니다.

만남과 헤어짐이 너무나 짧은 시대에서

만남이란 잠깐의 스침이 아니라

내면의 깊으므로 함께하는 것이 옳은 것임을

웅변으로 일깨워주니까요.

경제를 배울 때 어떤 일이 일어나면

반드시 다른 쪽에 영향을 미치는 선후 연결 관계가

성립되는 것을 어렵게 공부했습니다.

아니 땐 굴뚝에 연기 날 리 없듯

원인이 없는 결과는 없다는 진실을 깨우친 게지요.

교육자만이 교육을 논할 수 있는 것은 아니듯이

환경론자만이 환경을 언급할 수 있는 것은 아닙니다.

지구촌이라는 표현에 걸맞게

요즘은 이 마을에서 일어나고 있는 현상이

바로 반대편 마을까지 영향을 미치고 있습니다.

지구상에서 지구 온난화로 인해 국토가 사라질 위기를 맞은
가장 시급한 나라는 '투발로'입니다.
그 '투발로'가 사라진다는 의미는
아름다운 해변과 리조트, 아침 해변의 일출과 노을 진 석양만 사라지는 것이 아닙니다.

그 나라의 고유한 언어가
몇천 년을 이어온 종족이
그곳에 발전해온 문화가
선조 때부터 내려오던 삶의 지혜가
문명 초부터 면면히 이어오던 역사가 한꺼번에 사라지는 것을 의미합니다.

무언가 대상을 볼 때 총체적으로 볼 수 있는
혜안을 길러야 합니다.
그리고 그 내면을 바라볼 수 있는
심안도 길러야 하지요.

우리가 사람을 만난다고 하는 것은
실로 어마어마한 그의 일생을 만나고 있는 것이니까요.

있을 때 잘해야 합니다

옛날 인간의 힘으로만 자연과 공존했던 시절에
길의 의미는
자연이 생긴 모습 그대로 만드는 것이었습니다.
이 길엔 모퉁이를 돌 때마다 보였다 사라짐의 반복이 존재하지요.

대학을 졸업하고, 직장을 갖고, 객지 생활을 하다
어쩌다 찾은 시골집
어머니표 뚝배기 장맛의 그리움을 해소하고 집을 나서면
어머니는 마당 끝에 서서 울타리 넘어
아들이 가는 뒷모습을 하염없이 보고 계셨습니다.

모퉁이를 돌 때마다 잠시 나타나는 아들의 뒷모습이
작은 점이 되어 사라질 때까지….

어머님의 기일이 다가옵니다.
병원에 계셨던 모습이 눈에 선하네요.
어머니는 밤이 되면 끙끙 앓는 소리를 내셨지요.
저는 주변 사람들의 숙면을 방해하는 그 소리가
부끄럽기도 하고 민망하기도 하여
제발 좀 조용히 주무시라고…
앓는 소리를 내면 고통이 없어지냐고…

말씀도 못 하시는 어머니의 귀에다 몇 번이고 요구했습니다.

일주일이 지나 다시 찾은 병실엔
어머님의 앓는 소리가 현저하게 잦아져있었고
이틀 뒤에 하늘나라로 가신 어머님의 소식을 접했습니다.

그때 왜 그랬을까?
말이라도 좀 더 편하게 해드릴 수 있었을 텐데
가실 때까지 어머니는 사랑이었지만
저는 의무였는지 모릅니다.
그때를 생각하면 눈시울이 붉어지고 명치끝이 아파옵니다.

후회(後悔)란 말 속엔 뒤늦음이란 의미가 함께 들어있습니다.

이젠 환한 웃음으로 반겨주시던 모습을
그 거친 손으로 등을 썩썩 긁어주시던 손길을
자식 주려고 실한 자반고등어를 냉장고 속에서 아끼고 아끼다
말라비틀어진 사랑이라는 이름의 짠 고등어를
더 이상 만날 수 없음이 슬픕니다.

유행가 가사 말처럼
'있을 때 잘해'야 합니다.
기회란 항상 있는 것이 아니기 때문이며
어느 순간에는 하고 싶어도 할 수 없을 때가 있기 때문입니다.

사람의 뒷모습

우린 사람의 뒷모습보다는 앞모습에 익숙합니다.
여간 친하지 않고는 뒷모습을 길게 바라볼 기회가 없지요.
누군가의 뒷모습이 보이기 시작하면
그건 사랑이 시작된 겁니다.

겉옷이 멋있다고 속옷까지 멋진 것인지 알 수 없듯이
껍데기가 멋있다고 내면까지 멋진 것인지는 알 수 없습니다.

어쩌면 사람은 헤어지고 나서의 모습이
인식의 골에 깊게 각인되어있는지 모릅니다.
뒷모습엔 오래된 벽처럼 누추함을 감추지 않는
삶의 진솔함이 묻어있습니다.

사람 내면도 뒷모습에서 솔직하게 나타납니다.
있어야 할 때와 떠나야 할 때를 알고 행하는 사람의
뒷모습이 멋진 이유이기도 하지요.

행복한 사람이 남긴 발자취가 아름답듯이.
행복한 사람의 뒷모습은 아름답습니다.

진정한 멋은

외부로 드러나는 곳에 있지 아니하고
보이지 않는 곳에 존재합니다.

옛날 과수원을 할 때
상자 단위의 포장을 하는 경우가 많았습니다.
보이지 않는 아래쪽에는 볼품없는 과일을
잘 보이는 윗부분에는 먹음직한 과일을 넣은 것이
일반적인 포장법이었던 시절이었지요.

하지만 아버지는 결코 그런 꼼수를 쓰지 않으셨습니다.
하루 이틀 과수원 할 거 아니면
절대로 얕은수로 상대방을 속이면 안 된다고….

신용의 깊이가 중요한 것이며
얕은 물에는 결코 큰 배를 띄울 수 없다는 것을
아버지의 뒷모습에서 느낄 수 있었습니다.

과공비례

연례행사처럼 다가온 스승의 날이 지났습니다.

스승의 날은 세종대왕 탄신일이라는 것은
다 알고 계시지요?

아이들과 함께 참으로 즐겁고 소중해야 할 시간들이
가끔은 부담으로 느껴질 때가 있습니다.
요즘 아이들을 접하다 보면
예의와는 너무 동떨어진 삶을 살고 있는 모습을
쉬 발견할 수 있습니다.

선생님 앞에서도 육두문자를 함부로 쓰고
다소곳하고 예의 바른 행동을 찾아보기 힘들며
말대꾸는 기본이고 심지어는 눈을 똑바로 뜨고 대들기도 하고
핸드폰 사용을 자제시키면 "아~ 짜증나!" 이런 표현이
귓가를 강타하기도 합니다.
그러한 사례를 일일이 열거하기가 어렵습니다.

그때마다 교육적 차원에서 훈계를 하지만
이미 몸에 밴 생활과 행동양식이 쉽게 바뀌지는 않는 것 같아.
교사 이전에 어른의 한 사람으로 걱정스럽기 그지없습니다.

한자 성어에 "과공비례(過恭非禮)"라는 말이 있습니다.
"지나치게 공손하면 오히려 예의에 어긋난다."라는 말이지요.
옛날에 겸손하기로 아주 유명한 사람이
저녁에 자기 집으로 손님들을 모셔서 술자리를 벌였습니다.

넓은 마당 가운데 정자에 둘러앉아 분위기가 한창 무르익어가는데
마침 커다란 보름달이 휘영청 떠올랐습니다.
달을 보며 한 손님이 "오늘은 달이 유난히 밝고 좋습니다."라고 말했
지요.
그러자 주인이 두 손을 비비고 굽실거리며
"아이고 뭘요. 작고 변변치 못한 달이라 정말 죄송합니다."라고
말하더라는 것이지요.

물론 지나쳐서 좋을 것이 없는 세상임에는 틀림이 없습니다.
하지만 요즘의 아이들을 보면
과공(過恭)이라도 좋으니 좀 공손함이 있었으면 하는 바람이 있습니다.

예의염치(禮義廉恥)라는 말이 있지요
禮(예)는 일정한 예의범절을
義(의)는 사람의 도리에서 벗어나지 않는 것을
廉(염)은 올바름과 그릇됨의 구분을 명확하게 하는 것을
恥(치)는 부끄러움을 아는 것을 의미합니다.

그래도 우리의 아이들이 염치를 아는 아이로 성장하도록
끈기를 가지고 지도를 해야 하는데…
현실이 너무나 힘들게 합니다.
저만 그런 상황에 직면해 있는 것은 아니지요?
선생님! 힘내시고 지치지 마시기 바랍니다.

어버이날을 휴일로

5월엔 유일하게 5일이 법정 공휴일입니다.
(물론 부처님 오신 날도 있긴 하지요.)
저는 왜 어버이날이 휴일로 지정되지 않고
어린이날을 휴일로 지정했는지 그 이유를 알지 못합니다.

요즘 가족형태를 보면
부모님과 같이 사는 대가족은 거의 찾아보기 힘듭니다.
아이들은 자립이 안 되니 당연히 같은 공간에 거주하게 되지요.
매일 보는 아이들을 챙기는 어린이날은 휴일이면서
삶에 지쳐 어쩌다 명절 때가 아니면 찾아뵙기조차 어려운
부모님을 찾아뵐 좋은 기회인 어버이날은 휴일이 아니니
참으로 아이러니한 일이지요.

예로부터 내리사랑이라 했습니다.
어린이날이 없더라도 자식을 사랑하지 않는 부모가 없습니다.
대부분의 사람은 거리상, 시간상의 이유로
부모에게는 소원해온 것에 이견을 달기 어렵습니다.

저는 개인적으로 어버이날이 공휴일이 되었으면 합니다.
옛날엔 자식을 또 낳으면 된다는 신념으로
늙으신 부모님을 공경해 마지않았는데

어느 순간부터인지 자식은 상전이 되었고
부모님은 뒷전에서 잊히는 세상이 되었습니다.

효도를 법으로 강제할 수는 없겠지만
그 기회마저 충분히 제공되지 않는 것은 바람직하지 않습니다.
세상에 그 누구인들
부모의 몸을 빌려 태어나지 않은 사람이 없는데도
근본을 잃어버린 사람들이 늘어갑니다.
참으로 안타까운 일이지요.

누구를 탓할 일이 아닙니다.
아직 부모님이 살아계시면 한 번이라도 더 찾아뵙기 바랍니다.

청초 우거진 골에 누워계시고 나면
아무리 무덤가에 길이 닳아도
그땐 의미가 없기 때문입니다.

권태와 열정 사이

세상을 살다 보면

미친 듯이 사랑하고 좋아하던 대상에게도
시간의 흐름 속에서 권태로워질 수가 있습니다.

사랑에 빠진 사람은 설렘과 기쁨, 행복을 느끼게 됩니다.
그때 분비되는 호르몬이 도파민, 페닐에틸아민, 옥시토신, 엔도르핀과 같은
신경 조절 및 신경전달물질들이지요.
그런 호르몬이 열정과 행복에 빠지게 하는 요인이 됩니다.

열정적인 사랑의 기간이 지나거나
결혼을 하고 나면 서로에 대한 감정의 수위가 낮아져
사랑의 화학물질이 더 이상 생성되지 않게 됩니다.
그러면 상대가 변했다고 느끼게 되지요.
실상은 변한 것이 아니라 원래의 상태로 돌아간 것이랍니다.

사람은 태생적으로 모든 것에 권태를 느낍니다.
마키아벨리는 "이 세상에서 제일 무서운 것은
가난도 걱정도 병도 비애도 아니고 사람의 권태이다."라고 했습니다.
권태의 다른 이름은 게으름이나 싫증이라고 할 수 있지요.

권태로움이 깊어지면 우울해지고
우울이 깊어지면 우울증이 됩니다.

권태로움은 돈이나 성공으로 해결되지 않습니다.

권태에서 벗어나려면 마음이 동반된 태도의 변화가 필요하지요.
그것을 다른 단어로 표현하면 열정이라고 할 수 있습니다.
열정은 사람을 아름답게 합니다.
그리고 행복한 전염성이 있어 주변을 변화시키기도 하지요.

열정을 가진 자만이 세상을 품을 수 있으니
세상의 모든 걸작은 열정의 결과물인 셈입니다.

진국 같은 삶

학교에 출근하면서 제일 처음 하는 일은
컴퓨터를 켜고 밤새 온 메일을 확인하고
카페에 들러 남긴 글발들을 섭렵하고
페이스북을 통해 지인들의 동정을 살피고…
그 후에 쓴 커피를 한 잔 마십니다.

비교적 이른 시간에 출근하지만
위의 과정을 밟고 나면 아이들 교실에 갈 시간이 되곤 하지요.

세상이 참 많이 변했습니다.

종이에 꾹꾹 눌러 쓰던 문자는
모니터에 깜박이는 디지털 서체로 바뀌어버렸고
책장을 넘기고 책갈피를 끼우던 행위는
하이퍼링크를 통한 클릭으로 바뀌었습니다.

한 가지에 집중하여 깊이 사고하던 행동 패턴이
어느 날인가 동시에 여러 가지 작업을 번갈아 하는 행동으로
자신도 모르게 바뀌어있는 것을 발견합니다.
지금도 남들이 한 개만 쓰는 모니터를 두 개나 연결해놓고도
공간이 부족할 정도로 여러 가지 작업창을 띄워놓고 창과 창 사이를
헤매고 있는 자신을 봅니다.

필요한 사항이 있으면 검색창이 다 해결해주고
깊은 사색을 통한 독서를 동반하지 않아도
줄거리를 통한 내용의 습득을 통하여
모든 것을 다 섭렵하고 있다는 착각에 빠져 지내기도 하지요.

인터넷이 생활 속에 깊숙이 들어오고 나서
심도 있는 사고능력이 재단 당하여
깊은 생각 없이 하루를 살아내는 자신을 발견하곤 합니다.

너무 쉽게 얻어지고 쉽게 버려지는 문화 속에서
마음속에서 깊은 성찰의 기회를 얻지도 못한 말들이
함부로 입을 통해 발산되는 황당함을 겪기도 합니다.

엊그제 화천 누이의 집에서
마당 끝에 부뚜막을 만들고 걸어놓은 솥을 보았습니다.
가스 불에 후루룩 끓여내는 인스턴트 방식보다는
오랜 시간을 두고 장작불로 고아낸 진국이
형언할 수 없는 깊은 맛을 낸다는 것을 압니다.

디지털로 대변되는 눈앞에서 바로바로 일어나는 일들의 가벼움보다는
아날로그의 향연 속에서, 세월을 견뎌야 이룰 수 있는 깊은 생각의
의미를 다시 한 번 새겨볼 필요가 있습니다.

유월의 풍경

유월의 시작에 서있습니다.
창을 열고 반팔을 입어보지만
한여름의 무더위를 알리는 햇살의 외침
화들짝 놀란 가슴에 맑은 하늘이 와 박힙니다.

누렇게 익은 보리밭이 괜스레 가을을 꿈꾸게 하더니
어느새 빈 논에 심긴 모가 파도처럼 일렁이고
으스름 저녁이면 개구리의 합창 소리가

바람결에 날아온 찔레꽃 향기가 물씬합니다.

봄에 부화를 마친 어미 닭은
종종종 따라다니는 병아리를 품어내고
살구며 복숭아 자두가 손톱만하게 자라나고
지천으로 달린 매실이 땅에 떨어져 뒹굽니다.
수줍은 오디는 빨갛게 부풀었고
담장 밖을 염탐하는 장미가 붉습니다.

모든 것을 보듬고 키워내는 유월
햇살은 대지에서 푸름을 끌어내고
계절은 잊지 않고 한결같이 꽃을 피워냅니다.

참 좋은 계절이지요.
하지만 이렇게 좋은 계절을 준비하기 위하여
오월이 있었다는 것을 잊어선 안 됩니다.

우린 가끔 지금의 열매에 취하여 지난 시절의 과정을 잊기가 쉽습니다.
하지만 동구 밖에서 한여름을 지키는 느티나무도
오랜 세월 전에 뿌리를 내린 것이고
지금 눈앞에 흐르는 강물도
상류로부터의 흐름이 존재했었다는 엄연한 진실을
그 과정의 역사를 기억해야 합니다.

과정이 아름답거나 그렇지 않거나 간에….

양잠의 추억

어린 시절 우리 동네는 뽕나무를 심고 가꾸어
누에치기에 여념이 없었습니다.
봄에는 춘잠, 가을에는 추잠이라고 해서
일 년에 두 번씩 누에 농사를 지었지요.

농협에서 까만 좁쌀보다도 작은 누에씨를 사다가
따뜻한 아랫목에 놓으면 누에는 꼬물꼬물 알에서 깨어납니다.
뽕잎을 최대한 잘게 썰어 올려주면
까만 실개미 같은 누에가 뽕잎을 먹기 시작합니다.

누에는 갑각류처럼 허물을 벗는데
허물 벗기 전에는 하루씩 잠을 잡니다.
이렇게 넉잠을 자고 나면 성충이 되지요.
이때 누에가 뽕잎을 갉아먹는 소리는
한여름 소나기 내리는 소리와도 같았습니다.

그때부터는 온 방이 누에 차지가 됩니다.
누에가 커질수록 사람이 살아가는 공간이 좁아져
나중에는 부엌 바닥에 이불을 깔고 자야 하는
사태까지 도달하게 되지요.

초여름 뽕 따러 밭에 가면
까맣게 익어가는 오디는 덤으로 주어지는 선물이었습니다.
손이며 입 주위가 까맣게 되도록 먹었던
오디는 달콤한 맛 이전에 배고픔을 달래주던 먹거리였지요.

넉잠 잔 누에는
잠박 가득 뽕잎을 배불리 먹여 일주일이 지나면
노란색을 띠기 시작합니다.
이때 누에를 골라 섶에 올려놓으면
하얀 명주실을 토해내어 고치를 짓기 시작합니다.

투명한 햇살 아래 눈부시게 하얀 누에고치는
고생으로 주름진 얼굴에 환한 웃음이 되었고
우리들의 학용품이 되었으며, 학비가 되었습니다.

그 당시에는 누에나 뽕을 먹을 생각도 하지 못했는데
요즘은 누에가루를 강장식품이라 선호하고
뽕잎도 장아찌나 쌈으로 먹기도 하니
발상과 인식의 전환이 놀랍기까지 합니다.

그때처럼 지금 뽕나무에는
까맣게 익은 오디가 추억으로 매달려있습니다.
두 되짜리 양은 주전자는 없어도
칡잎에 쌓인 오디를 맛보고 싶은 그런 날입니다.

자주감자

유월의 산속은 적막합니다.
아무도 찾지 않는 곳 뻐꾸기 울음소리에
감자는 꽃을 피웁니다.

어릴 적엔 못생기고 울퉁불퉁한 자주감자밖에 없었습니다.
태생적으로 주름이 많아 껍질을 벗기기가 매우 어렵고
날로 먹으면 입속이 아려 먹기 힘든 그런 감자였지요.
그래도 먹거리가 시원치 않았던 시절
감자와 강낭콩, 밀가루 반죽을 곁들인
범벅은 유월에 최대의 먹거리였습니다.

서양에서 겉과 속이 하얗고 껍질이 쉽게 벗겨지는
하얀 감자가 들어온 이후로
자주감자는 시나브로 자취를 감추었습니다.

지금 들녘에 나가면 감자 꽃이 한창입니다.
꽃 색깔이 대부분 흰색이지요.
자주감자는 꽃 색깔도 자줏빛으로 핍니다.
그 예쁜 자줏빛 감자 꽃을 지금은 보기가 힘듭니다.
(요즘 피는 자줏빛 감자 꽃은 개량종이랍니다.)

감자는 추운 북방에서 전래되어온 식물이고
고구마는 따뜻한 남방에서 전래된 식물입니다.
그래서 고구마에 비하여 감자는 생육 기간이 짧습니다.
그리고 추위가 가신 이른 봄에 파종하게 되지요.

요즘은 먹거리가 흔해 감자와 같은 채소를 거들떠보지도 않지만
내 기억 속의 자주감자는
해 질 녘 초가지붕 위의 하이얀 박꽃과
산 아래 포근히 안겨있는 초가집 굴뚝의 아스라한 연기와 함께
고향의 아련한 추억의 한 페이지로 남아있습니다.

요즘 젊은 사람들은 범벅 만드는 방법을 알지 못합니다.
자주감자는 없지만, 퇴근 무렵에 하얀 감자라도 사서
분이 하얗게 내린 삶은 감자라도 맛볼까 합니다.

결핍이 없는 것도 결핍입니다

요즘 청소년들이 기성세대와 대체로 다른 것은
물질적 풍요 덕분에 크게 어려움을 모르고 성장기를
거치고 있다는 것입니다.

이들은 배고픔의 진정한 의미를 느낄 수 없었으며
노동의 신성한 가치를 배울 수 없었고
상대적인 빈곤감은 있었을지 모르지만
절대적인 빈곤을 경험할 기회가 없었습니다.

애정의 결핍은 있었을지 모르지만
물질적 결핍이 없었던 이들의 모습을 보면
그것 또한 하나의 또 다른 결핍이 아닌가 하는 생각이 듭니다.

다양한 경험이 삶을 풍부하게 하고
어려움이 많을수록 정신적으로 강해지고
사유의 세계가 깊어지는 것을 부인할 수 없습니다.

군에 가서 철든다는 것의 의미는
물론 그 나이 때에 각성의 시간을 가질 수 있을 때이기도 하겠지만
군대라는 울타리 속에서 어느 정도 자유를 재단 당한 채
철저한 고독과 고난 속에서 자신의 주변을 성찰할 수 있는
좋은 기회를 가질 수 있기 때문이 아닐까 하는 생각을 했습니다.

물질적 풍요세대 아이들의 대체적인 특징은
물건이 귀한 줄을 몰라 절약 정신이 희박하고
사소한 더위와 추위를 참아내지 못하며
물건을 잃어버려도 결코 찾을 생각을 하지 않는다는 것입니다.

훈계는 잔소리일 뿐 경험을 동반하지 못한 상황 속에서는
행동과 사고의 본질이 바뀌지 않습니다.
아이들에게 농촌체험이나 Temple Stay, 봉사 활동을 통한
경험의 범주를 넓혀주어야 하는 큰 이유이기도 하지요.

또한, 요즘 아이들이 겪고 있는 가장 큰 결핍 중의 하나는 관계의 결
핍입니다.
또래끼리의 놀이 문화나 대화를 통한 소통의 관계보다는
인터넷이라는 공간과 스마트 폰 앱에 함몰되어
혼자 놀기 놀이의 달인이 되어버린 아이들에게
이미 관계라는 단어는 생소하게 되어버렸습니다.

관계의 결핍은 상대방과의 소통을 차단하기 때문에
타인에 대한 배려의 실종으로 드러나는 경우가 많습니다.
가끔은 아이들과 함께 핸드폰도 터지지 않고, 인터넷도 되지 않는
섬에서의 일주일을 꿈꾸어보기도 합니다.

생텍쥐페리의 『어린왕자』 내용으로 메일을 갈무리합니다.

....

"세상에서 가장 어려운 일이 뭔지 아니?"
"흠…. 글쎄요. 돈 버는 일? 밥 먹는 일?"
"세상에서 가장 어려운 일은 사람이 사람의 마음을 얻는 일이란다.
각각의 얼굴만큼 아주 짧은 순간에도 각양각색의 마음속에 수만 가지

의 생각이 떠오르는데, 그 바람 같은 마음을 머물게 한다는 건 정말
어려운 거란다."
....

지금은 관계 속에서의 행복을 소망할 때입니다.

성자의사(聖者醫師)

경기도 마석의 모란공원에 가면
장기려 박사의 묘를 만날 수 있습니다.
평안북도가 고향인 장기려 박사는 성자의사로 알려진 사람입니다.

그는 김일성대학교 외과대학 교수로 재직 당시
한국전쟁의 발발로
아내와 5남매를 북에 두고 남쪽행을 택하게 됩니다.
부산에 정착한 그는 교회 창고에서 무료 진료를 시작합니다.
가난한 사람에게 차별 없이 병을 고쳐준다는 소문 때문에
전국에서 병자들이 몰려들었습니다.

그들은 가난한 살림 탓에 병원비를 지불할 수 없었습니다.

장기려 박사는 이러한 환자들의 아픔을 어루만지고
자신의 월급을 털어 병원비를 지불해주었습니다.

장기려 박사의 월급은 항상 적자였고
병원은 문 닫을 위기에 봉착하게 됩니다.
그래서 직원들이 박사에게서 무료 환자에 대한 결정권을 박탈해가지요.
그렇게 어려운 상황임에도 장기려 박사는
치료비를 내기 어려운 환자들에게
"내가 병원 뒷문을 열어둘 터이니 도망을 가라."라고 하였다는 일화
는 너무나 유명합니다.

평생을 가난하게 무소유의 삶을 살아왔던 그가
노년에 의사를 물러나면서 다음과 같은 말을 남깁니다.
"죽었을 때 물레밖에 남기지 않았다는 간디에 비하며
나는 아직도 가진 것이 너무 많아요."

그분이 성자로 불리게 된 것은
극단적인 이타적인 삶을 살아왔기 때문일 것이며
누구나 쉽게 흉내낼 수 없는 삶의 과정을 밟아왔기 때문일 것입니다.

요즘은 전후 세대에 비하여 생활수준이 많이 높아졌고
의료정책이 비교적 잘 되어있어
돈이 없어 치료를 받지 못하는 환자가 많지 않은 것은 다행입니다.

하지만
이분의 삶을 통하여 타인을 배려하는 아름다움과
고귀한 희생정신
남을 돕는 행복에 관한 진심을 헤아려볼 필요가 있습니다.

자신을 예쁘게 만드는 사람은
세월이 지날수록 추해져 가지만
남을 예쁘게 보는 눈을 가진 사람은
세월이 갈수록 아름다워지는 것이 세상을 사는 이치니까요.

유월의 들녘

각양각색의 옷으로 갈아입는 유월은
말 그대로 베스트드레서입니다.
아카시아 향기가 사그라진 공간에
온통 밤꽃향기가 산들거립니다.

모내기 끝난 논에는 갓 심긴 벼들이
산들바람에 겨워 푸른 파도로 일렁이고
머무를 곳을 모르는 부평초(개구리밥풀)는

청개구리를 등에 업고 하염없이 떠다닙니다.

개망초 흐드러진 밭엔
부지런한 꿀벌이 꽃 속에서 혼절하고
뜨락엔 빠알간 앵두가 실하게 익었습니다.

초록 바람이 불어오는 들녘을 보면
싱그럽지 않은 곳이 없습니다.
이 모든 것들이 생명의 성장을 보태는
싱싱함의 원천입니다.

이 분주한 유월을 자세히 들여다보면
어느 공간이든지 생명현상을 위하여
최선을 다해 노력하지 않음이 없습니다.

유월! 작렬하는 태양의 열정과
포기하지도, 지치지도 않고 도전하는 생명의 몸짓
우리가 유월의 들녘에서 겸허하게 배워야 할 것들입니다.

또한, 유월은 황금빛 들녘의 꿈을 품고 있기에
고독한 한발과 고난의 뙤약볕 속에서도
쟁기를 내려놓지 않는 농부의 마음이 됩니다.

도시의 화려함도 좋지만

시골 소녀의 순박함을 닮고 싶습니다.

꽃이 아름다운 이유

길을 걷다 보면 이름 모를 야생초와 맞닥뜨릴 때가 있습니다.
가던 길을 멈추고 몸을 구부려 자세히 보면
형언할 수 없는 색의 아름다움과
기하학적인 생김새의 조화로움에 우주의 기운이 느껴집니다.

꽃을 대하면
아무렇게나 피어난 꽃도 없고
마지못해 피어난 꽃도 없다는 것을 느낍니다.

세상에 피어나는 꽃들은
우아하고 화려한 빛으로 자신을 먼저 알리는 꽃이 있고
숨이 막힐 듯한 향기로 먼저 존재를 알리는 꽃이 있습니다.

꽃은 번식 기능을 주로 담당하지만
곤충에게 양분과 휴식처를 제공해주기도 하고
인간에겐 감정을 순화시키는 좋은 매체가 되기도 하지요.

목본이 아닌 대부분의 초본류는
꽃을 피우고 열매를 맺고 나면 말라 죽게 됩니다.
어쩌면 꽃은 생의 마지막에서 최선을 다해 피워 올린 삶의 정수이기에
그토록 아름다운 모습을 하고 있는지도 모를 일입니다.

그리고 꽃이 아름다운 이유는
그 꽃을 받치고 있는 잎이 있기 때문입니다.
꽃의 아름다움을 위하여 자신을 드러내지 않고
묵묵히 배경으로 기능하는 잎이 없다면
꽃은 그토록 아름다움을 뽐낼 수 없을는지 모릅니다.

꽃이 아름다운 이유는
자기 자신이 아름답다고 주장하지 않기 때문이기도 합니다.
결코, 자만하거나 교만하지 아니하고
존재하는 모습 그대로를 드러내보일 뿐이지요.

길을 가다 야생화를 만나면
그냥 지나치지 말고 멈춰 서서 말을 걸어보세요.
항상 그 자리에 있다고 생각했던 꽃들이
별로 볼품없다고 생각했던 꽃들이
생각보다 진한 감동을 선물해준답니다.

산딸기와 복분자

산딸기가 익어가는 계절입니다.
산딸기라는 단어 속에는 유년 시절의 추억과
어려웠지만 속 깊은 정을 나누고 살았던
이웃의 정겨움이 담겨있습니다.
산딸기는 토속적 내음이 가득한 원초적 과일인 셈이지요.

인적이 드문 개울을 거슬러 올라가면
유월의 붉은 장미만큼이나 빨갛고 탐스럽게 익은
넝쿨 진 산딸기를 만나곤 했습니다.
딸기는 장미과에 속하기 때문에 가시가 많습니다.
하지만 가시에 찔려도 허기진 배를 달랠 수 있었던
산딸기 따기는 신나는 추억의 한때였지요.

혹자는 복분자와 산딸기를 혼동하는 경우가 많은데요.
산딸기는 익으면 빨간색을 띠고
복분자는 익으면 검은색을 띱니다.
산딸기는 주로 생으로 먹지만
복분자는 생으로 먹는 것보다는 술로 담그거나 엑기스를
만들어 먹게 되지요.

혹자는 복분자(覆盆子)를

뒤집힐 복(覆) 자와 단지 분(盆) 그리고 씨를 나타내는 자(子)로 이루어져있어
먹으면 요강을 뒤집는 정력제로 선전을 하지만
실제로는 복분자의 생김새가 '단지를 엎어 놓은 모양'과 같아서
생긴 이름이라고 보는 것이 옳습니다.

* 만약에 정력을 원한다면 야관문에 관심을 가지는 것이 바람직하지요.

그리고
산딸기는 산야에 지천에 널려있는 자연산이고
복분자는 주로 인공조림에 의하여 생산됩니다.

도시 생활 속에서 계절감을 상실하고
먹을거리가 넘쳐나 영양 과다인 삶 속에서 정겨운 맛을 잃어버린
현대인들의 각박함을 봅니다.

햇살이 폭포처럼 내리는 날
두 되짜리 노란 양은 주전자를 들고
팔소매로 흐르는 땀을 훔치며
추억을 찾아 계곡으로 떠나고 싶은 그런 아침입니다.

사일공일구촌

수석을 하는 친구가 있습니다.
어떤 것에 정신이 집중되어있는 현상을
터널 기제에 빠졌다고 합니다.
터널에 들어서는 순간 좌우는 보이지 않고
오직 앞만 보이기 때문입니다.

그는 휴일이면 들로 산으로 수석을 찾아 떠돕니다.
오직 땅만 내려 보고 걷는 것이 일과이지요.
물론 그의 손을 빌어 그냥 평범하게만 보였던 돌들이
새로운 의미로 거듭나기도 하니 문외한인 저로서는 신기할 뿐이지요.

수석을 한문으로 어떻게 쓸까요?
　1) 水石 (물 수)
　2) 秀石 (빼어날 수)
　3) 壽石 (목숨 수)

정답은 3번입니다.
수석에는 목숨 수 자를 쓴답니다.
돌에 살아있다는 느낌을 부여하기 위해서가 아닐까요?
수석은 생김새에 따라 붙이는 이름이 다양하답니다.
산수경석, 문양석, 색채석, 형상석, 추상석….

오늘 드릴 말씀은 수석이 주가 아닙니다.
수(壽)와 복(福)에 관한 이야기지요.
고가구나 자개장 등 일상 가구에서 가장 많이 발견되는 글자가
위의 두 글자일 것입니다.

명절 때 인사를 나누는 것의 대부분 표현은
오래오래 사세요. [壽]
복 많이 받으세요. [福]로 압축될 수 있으니
우리나라의 장수와 기복 문화의 단면을 엿볼 수 있습니다.

좀 늦긴 했지만, 꽃의 억울함을 풀어줄 요량도 있습니다.
봄에 가장 먼저 피는 꽃 중에 복수초가 있습니다.
하얀 눈을 뚫고 노랗게 피어난 앙증맞은 꽃이지요.
복수 하면 원수를 응징하는 다소 살벌한 의미가 연상되지만
복수초는 한자로 福壽草라고 표현한답니다.

참으로 복스럽고 생명력이 질긴 꽃이라는 참 좋은 의미가 들어있지요.
꽃말도 '영원한 행복'이랍니다.
그러니 앞으로 복수초의 이름에 대한 오해는 없었으면 합니다.

같은 의미라도 수복(壽福)이라고 표현하면 참으로 부드럽고 좋은데
복수라고 쓰는 순간 단어가 경직되어버리니 아이러니하지요?

제목의 사일공일구촌은 壽 자를 위로부터 한 자씩 떼어내면

士一工一口寸이 된답니다.
한자를 틀리지 않고 쓸 수 있는 좋은 기억방법이지요.

오늘 하루도 복[福] 많이 받으시고
살아있음[壽]이 가져다주는 행복을 만끽하시기 바랍니다.

삼불후(三不朽)

불후(不朽)의 후 자는 '썩을 후' 자입니다.
따라서 불후의 뜻은 "썩지 않는다."라는 것으로
작품의 가치가 훌륭하여 영원토록 변하거나 없어지지 아니함을 의미
합니다.

공자님은 "썩은 나무는 조각할 수 없고
썩은 흙으로 만든 담장은 흙손질할 수 없다."라고 했습니다.
즉 평소에 갖고 있는 자질이 중요하다는 말씀이지요.

「춘추좌씨전」에는 '삼불후'라는 말이 나옵니다.
세상을 살아가면서 없어지지 아니하는 세 가지를 이르지요.
그것은 德, 功, 言입니다.

덕을 세운다는 것은
세상에 후덕함으로 후세에 귀감이 되는 것을 말하고
공을 이룬다는 것은
사회를 위하여 공익사업을 이루는 것을,
말을 세운다는 것은
좋은 말과 글을 후세에 남기는 것을 의미합니다.

불후란 결국 변하지 않는 것을 의미합니다.
겨울이 가면 봄이 오고
썰물이 지나면 밀물이 옵니다.
해마다 꽃은 피어선 지고 앞산의 뻐꾸기는 세월을 노래합니다.

"일구월심(日久月深)"이란 성어가 있습니다.
날이 가고 달이 갈수록 생각이 깊어진다는 의미이지요.
사람을 대하다 보면 깊이가 느껴지지 않는
얄팍함으로 믿을 수 없는 사람도 있고
굳은 심지로 쉽게 흔들리지 않아
신뢰를 주는 사람도 있습니다.

이를 다른 각도에서 바라보면
성공한 사람이 되려 하지 말고
가치 있는 사람이 되라는 의미이기도 하고
오래 사는 것이 중요한 것이 아니라
옳게 사는 것이 더 중요하다는 의미이기도 한 것이지요.

관계에 대하여

제가 『어린왕자』라는 책을 접한 시기는
고등학교 1학년 때였습니다.
자아에 눈뜨고 삶에 대한 고민이 많았던 시절에
얄팍한 소설 한 권은 참 많은 것을 생각게 했던 것으로
기억합니다.

『어린왕자』는 정원에 피어있는 5,000송이 장미보다
자신이 기른 장미 한 송이가 더 소중하다는 것을 깨닫습니다.
그건 자신이 물을 주고, 아껴주는 관계를 맺었기 때문이지요.
이 책은 세상은 관계로 이루어져있음을,
그리고 관계의 소중함을 일깨워주었습니다.

남은 나에게 남이고
나는 남에게 남입니다.
서로는 자신에게 자신이면서 서로에게는 남인 것이지요.

"타인은 지옥이다."라는 말씀이 있습니다.
장 폴 사르트르가 한 말씀이지요.
다른 사람과의 관계의 정립이 참으로 어려운 일이라는 것을
극단적으로 표현한 것이지요.

"내 생활은 무척 단조로워요."
여우가 말했다. "나는 닭을 사냥하고,
인간들은 나를 사냥하지요.
모든 닭이 비슷하고
또 사람들도 모두가 비슷해요.
그래서 나는 좀 지루해요.
그러나 당신이 나를 길들인다면
나의 생활은 태양이 빛나는 것처럼 밝아질 거예요.

다른 사람들의 발자국 소리와 다른
당신의 발자국 소리를 알게 될 거예요.
다른 사람의 발자국 소리를 들으면
급히 땅굴로 들어가 버리지만,
당신의 발자국 소리를 들으면
음악이라도 듣듯이 굴에서 뛰어나올 거예요.

그리고 저길 봐요.
저기 푸른 밀밭이 보이지요?
나는 빵을 먹지 않아요.
밀은 나에게 소용이 없어요.
밀밭은 나에게 생각나게 하는 게 아무것도 없어요.
그건 슬픈 일이지요.

그러나 당신의 머리칼은 금발이군요.
당신이 나를 길들여주면 당신의 금빛 머리칼은
더욱 아름답게 보일 거예요!
황금빛 밀을 보면 당신 생각이 나겠지요.
그러면 밀밭을 일렁이고 지나가는 바람 소리조차도
사랑스러울 거예요…."

여우는 한참 동안 왕자를 바라보았다.
"제발 나를 길들여 줘요!" 여우가 말했다.
"나도 그러고 싶어." 왕자가 대답했다.
"그러나 나는 시간이 없어.
나는 친구를 찾아야 하고, 알아야 할 것도 너무나 많이 있어."

"인간들은 이미 길들여진 것만 알아요." 여우가 말했다.
"그들은 무엇을 알 시간이 없어요.
그들이 상점에서 사는 모든 것은 기성품이죠.
그러나 우정을 파는 상점은 없으니 인간들은 친구가 없어요.
당신이 친구가 필요하다면 나를 길들여 가져요… "

"그럼 너를 길들이려면 어떻게 하면 되지?" 왕자가 물었다.
"인내심이 있어야 되지요." 여우가 대답했다.
"우선 당신은 나와 좀 떨어져서— 바로 그렇게 —
풀밭에 앉아 있어야 돼요.
나는 당신을 곁눈으로 바라보면

당신은 아무 말도 하지 말아야죠.
말이라는 건 오해의 근원이니까요.
그러나 하루하루가 지나는 동안에
당신은 조금씩 가까운 곳에 앉을 수 있게 됩니다…."

- 『어린왕자』 중에서

…………

하지만 살아가면서 관계를 잘 맺게 되면
'타인 없이 살아가는 일이 지옥'이라는 것을 알게 됩니다.
인간은 관계를 떠나서는 살 수 없으니까요.

다리가 넷인 사다리는 혼자서도 설 수 있지만
다리가 둘인 사다리는 반드시 어딘가에 기대야 설 수 있습니다.
다리가 넷인 동물은 혼자서도 잘 살 수 있지만
다리가 둘인 인간은 서로 기대고 의지해야만 살 수 있습니다.

관계…, 그것은 행복한 삶의 출발점이며 종착역인 것입니다.

공유와 나눔

한약방에 가면
일단 특유의 한약 냄새가 사람을 맞이합니다.
맛은 쓸지 모르지만. 향은 좋습니다.

그리고 한약방에 가면 쉬 볼 수 있는 것이
작은 서랍을 잔뜩 붙여 놓은 한약함입니다.
그 함에는 한문으로 한약의 이름이 일일이 적혀있지요.

어찌 보면 산야에 널려있고 구하기 쉬운 한약재임에도
한약함 속에서 한자 명함을 붙이고 있는 재료는
매우 귀하게 느껴지는 것이 사실입니다.

요즘처럼 공부하지 않는 학생이 대학에 입학하여
쓸데없이 자금과 지식의 과소비를 하고 있는 것도 나쁘지만
일부 특수한 분야의 식자층이 전공을 앞세워
일반 시민들을 무식자로 몰아넣는 어려운 명칭의 사용도
일견 바람직해보이지 않습니다.

몇 가지 예를 들면 다음과 같습니다.
갈근=칡, 길경=도라지, 금은화=인동, 노근=갈대
백출=삽추, 사삼=잔대, 산약=마, 의이인=율무

옥죽=둥굴레, 지구자=헛개나무 열매, 지골피=구기자 뿌리
진피=귤껍질, 창의자=도꼬마리 열매, 포공령=민들레 등등이 그러하지요.

어찌 되었든 일부 식자층만이 공유하는 지식은 옳지 않습니다.
국민 개학(皆學)의 시대에 일반인들의 사고와 의식 수준이 상당히 높아져 있음에도
암호문처럼 그들만의 세계에 빠져있는 전문인의 모습은
그것이 어떤 전공이 되었든 바람직해보이지 않습니다.

요즘 일반화되어있는 인터넷의 근간을 이루고 있는 정신은
공유와 나눔입니다.
지식은 나누어야 하고, 행복은 공유해야 합니다.

좋은 강의

우리나라에서 무선의 역사는 길지 않습니다.
전파의 월북이라는 특수한 상황 때문이지요.
88올림픽이 끝나고 자신감을 얻은 정부는
전파에 관대해졌고, 그때부터 무선이 활발해지기 시작했습니다.

젊은 날 아마추어 무선(HAM)에 빠져 지낸 적이 있습니다.
그때의 대화 내용은 대충 이런 것이었지요.

"OM님, 안녕하세요. 국장님 시그널 5, 9입니다."
"네, 반갑습니다. 아침 Charge는 하셨는지요?"
"네, 저는 Mobil국 운영 중입니다. 잠시 후 Shop에서 Eyeball하여 CF같이 하지요."
"현재 QTH는요?"
"Home 근처이구요. 잠시 Break 후에 Inform 드릴게요."

무슨 말인지 이해되시나요?
이것을 평상어로 풀어쓰면 이렇게 됩니다.

"선배님, 안녕하세요? 국장님의 신호와 감도는 좋습니다."
"네, 반갑습니다. 아침식사는 하셨나요?"
"네, 저는 지금 자동차로 이동하고 있습니다. 잠시 후 사무실에서 만나 커피 한잔하지요."
"현재 위치가 어딘지요?"
"집 근처이구요. 잠시 있다가 소식드릴게요."

지금 생각하면 웃음이 납니다.
대단치도 않은 취미생활에 뭔가 특수한 것을 하고 있다는 자만심도 일조를 하지 않았나 싶기도 하지요.

좋은 강의를 하는 사람은
어려운 단어와 난해한 언어를 잘 쓰는 사람이 아닙니다.
청자의 특징을 잘 알고 쉽게 풀어 설명하는 능력이 뛰어난 사람이지요.

형식도 중요하지만 내용이 더 중요한 것이고
현상도 중요하지만 본질이 더 중요한 것이고
포장지도 중요하지만 내용물이 더 중요한 것이기 때문입니다.

여생이란 없습니다

우린 퇴임 후나 노년의 삶을 '여생(餘生)'이라고 부릅니다.
직역하면 '남겨진 삶'을 의미하지요.
어쩌면 덤으로 주어진 삶이란 색채가 짙습니다.
하지만 여생이란 없습니다.
인생엔 연습도 없고, 지우개도 없는데
남겨진 삶이라는 것이 있을 리 없지요.

어쩌면 모든 순간순간은 자신이 살아내야 하는
삶의 진정성을 내포하고 있는 것이고
현재 진행형이 아닌 것이 없으니

여생이란 표현은 옳지 않습니다.
심지어 '남은 여생'이라는 중복적인 표현까지
남발하고 있으니 표현의 심각성은 큰 문제입니다.

우리가 살아간다는 것은
나이가 들어간다는 것의 다른 표현입니다.
대부분 사람은 젊음을 희구하면서
나이 들어감을 원망합니다.
하지만 젊음은 노력으로 얻어진 것이 아니듯이
늙음도 잘못으로 받은 벌이 아닙니다.

나이가 든다는 것은 젊은 날의 욕망과 원망, 분노가
시나브로 가라앉고 안정된다는 의미입니다.
그리고
물리적인 나이는 시간이 흐르면 자연히 채워지는 것이지만
정신적인 나이는 많은 수양과 사색 고민을 통하여
어렵게 얻어진다는 사실도 인정해야 합니다.

나이가 들어가고 노화가 진행된다는 것은
분명 즐거운 일은 아닐 것입니다.
하지만 그 누구도 피해갈 수 없는 길이고
오늘도 꾸준히 진행되고 있는 것이라면
그 길을 아름답게 갈 수 있도록 준비하는 것이 현명합니다.

하고 싶은 일이 있다면 더 이상 미루지 마세요.
당신의 일생에서 가장 젊을 때는 바로 지금이기 때문입니다.

야생화와 들꽃

들이나 산에 자연적으로 피어난 꽃을 이름할 때
야생화 또는 들꽃으로 표현합니다.
野生花의 野 자가 들을 의미하는 한자이니
결국 야생화와 들꽃은 같은 개념일 수 있습니다.

우리는 지나치게 화장을 짙게 하거나 섹시한 여성을
'야하다.'라고 표현합니다.
그 야하다는 표현 속에는 들풀처럼 꾸밈이 없고 진솔하다는 의미도
함께 들어있음을 알 필요가 있습니다.

유월에 산행을 하다 보면 흔히 이름 모를 들꽃을 만나게 됩니다.
들꽃은 생명의 존엄성으로서의 가치와
화훼산업 및 자원식물로서의 보존적 가치,
국가 고유 식물로서의 국민적 자긍심과 민족의 미적 정서가 담겨있는
우리의 소중한 자원입니다.

가끔 등산로 주변에 파헤쳐진 자연을 봅니다.
그 자리엔 훼손된 인격의 파편들과
자기만 아는 이기주의의 찌꺼기가 남아있는 것 같아
보는 순간 불쾌감을 지울 수 없습니다.

들꽃을 대하며 그 꽃이 아름답고 사랑스럽다면
느낌 그대로 사랑으로 대하면 되고
따뜻한 관심으로 다가가면 됩니다.

어떤 이는 관심과 사랑이 지나쳐
자기 혼자만 보려는 욕심으로 뿌리째 캐가는 사람도 있고,
혹자는 도무지 관심 밖의 일이어서
함부로 밟거나 꺾는 사람도 있습니다.
우리 자원의 보고인 들꽃들이 하나둘 자취를 감추고 있는 현실은
참으로 안타깝습니다.

자연이라는 의미는
스스로 그러한 것을 의미합니다.
구체적으로는 인공이 들어가 있지 않은 순수를 의미하기도 하고
억지나 거짓이 없는 것을 뜻하기도 하지요.

들꽃이 아름답게 꽃을 피우는 이유는
씨앗을 통한 종족 보존에 그 의미가 있습니다.
하다못해 미물로 취급당하는 곤충들도 꽃에 도움을 주는데

만물의 영장이라고 주장하는 사람들은
꽃에 아무런 도움을 주지 못합니다.

아니 어쩌면 도움이 되는 것은 바라지 않습니다.
그냥 있는 그대로 놓아두면 좋은 것이지요.
자연보호라는 명목 하에 얼마나 많은 자연이 훼손되었는지
헤아리기조차 힘든 것이 현실입니다.

인공의 반대가 자연이라고 보면
인간의 의식으로부터 독립하여 존재하는 객관적 실재로서의 자연을
있는 그대로 인정해줄 필요가 있습니다.

사랑하면 보입니다

작년 영화계의 한 획을 그은 작품이 있다면
제임스 카메론 감독의 『아바타』일 것입니다.
극장에서 3D의 새 지평을 열었고
환상적으로 아름다운 영상미를 통해 인간 상상력의 무한함
그 가능성을 열어준 작품이지요.

대부분 외계인이 출현하는 영화는 외계인이 지구를 찾아오는 것으로 부터 시작합니다.
하지만 아바타는 지구인이 외계 행성인 판도라 행성으로 찾아가는 것으로부터 시작하지요.
그리고 외계 사람이 지구인에 섞여서 함께 동화되는 삶을 그린 것이 아니라
지구 사람이 외계인 나비족에 정서적으로 동질화되는 삶을 그리고 있습니다.
이제껏 만들어진 영화의 시각과 많은 차이가 있는 작품이기도 하지요.

나비족은 머리에 달린 촉수로 서로의 감정과 감각을 공유합니다.
말이 필요 없는 것이고, 말로 인한 오해의 여지도 없는 것이지요.
그 교감이 참으로 신비하게 다가왔습니다.

나비족은 사람을 처음 만나면 "I See You."라고 말합니다.
처음 만나는 모든 사람에게 어떤 말보다도 그저 "I See You."라고만 말합니다.
영화 속 주인공은 한 사람을 사랑하게 됩니다.
사랑을 고백하는 자리에서 그는 "I See You."라고 말합니다.

나는 당신을 봅니다.
사람이 사랑한다고 하는 것은
함께 마주 보는 것이 아니라
같은 곳을 바라보는 것이란 말씀이 있습니다.

'나는 당신을 봅니다.'라는 표현 속에는
당신의 눈을 통해서 나를 본다는 의미도 함께 들어있습니다.
본다는 것과 안다는 것, 안다는 것과 이해한다는 것은
본질적으로 같은 것입니다.

이제 나는 당신을 봅니다.
힘들고 어려웠던 모든 것을
그리고 행복하고 아름다웠던 모든 시간을
세상에 당신이 존재함으로 발생된 모든 일을….

사랑 남용 공화국

옛날 시골 살 때 장날에 대추나무 묘목을 사서
집 앞에 거름을 듬뿍 주고 심었습니다.
여러 그루 중에서 외양간 가까운 나무가 비실비실하고
잎이 노랗게 타들어 가는 등 시들시들했습니다.

"어머, 얘는 왜 이러지?"
혹시 무슨 문제가 있나 싶어서 물도 더 주고
거름도 더 주고…, 온갖 신경을 썼지만

나무는 나아질 기미가 없었습니다.

이웃의 과수원 선배의 말씀을 빌리면
거름이 너무 많아서 그렇답니다.
그냥 놓아두면 괜찮아질 것이라고.
그때 처음으로 사랑의 결핍보다 사랑의 과잉이 훨씬 빠른 속도로
식물을 망가뜨린다는 사실을 알게 되었습니다.

우린 사랑 남용 공화국에서 살고 있는 것 같습니다.
유행가도 보면 온통 사랑 타령이고
메일이나 트위터, 페이스북 등의 손쉬운 도구를 통한 절제되지 않은
표현과
사랑에 대한 이모티콘의 남발은 위대한 사랑을
한낱 유희수준으로 끌어내리기까지 합니다.

'사랑'의 어원은 '사람을 생각한다'는 뜻이었다고 합니다.
생각 사(思)에 헤아릴 량(量)을 쓴 한자어 사량(思量)에서 나왔다고도
하지요.

사랑의 사전적 풀이는
"중히 여기어 정성과 힘을 다하는 마음
아끼고 위하여 한없이 베푸는 일 또는 마음
남녀 간에 정을 들여 애틋이 그리는 일
어떤 사물을 몹시 소중히 여김 또는 그 마음" 등으로 풀이합니다.

풀이의 공통점은 소중하다는 것입니다.

따라서 아무 때나, 아무에게나 함부로 사용해서는 안 되는 것이기도 합니다.

조금만 좋아지는 감정이 생기면 스스럼없이 사랑한다는 표현을 사용하는 것도

사랑의 과소비요, 남용에 해당됩니다.

어쩌면 요즘 아이들이 너무 쉽게 만나고 너무 쉽게 헤어지는

일회용 사랑을 하는 이유일는지도 모르겠습니다.

내 모든 것을 주어도 아깝지 않은 사랑

아름다운 배려가 있는 사랑

애써 말하지 않아도 느낌으로 충만한 사랑

영혼의 울림으로 하나가 되는 사랑

우리가 소중히 생각해야 할 것들입니다.

나우루에서 배우기

MBC 『서프라이즈』에 방영된 내용 중에 나우루공화국에 대한 이야기가 있습니다.

나우루공화국은 남태평양의 호주와 하와이 사이에 있는 여의도 면적의 2배 반 정도 크기에
인구 만 명 정도의 작고 쾌적한 섬입니다.
이 섬은 국토의 80%가 인산질 비료의 원료가 되는 인광석으로 덮여 있었습니다.
그곳의 인광석은 품질이 우수하여 석유보다 비싼 값에 수출되었고
여기에서 얻어지는 수입이 막대하여 국가 재정이 넘쳐나게 되었지요.

1980년대에 국민소득 3만 달러로 세계에서 가장 부유한 나라가 되었고
정부는 국민들에게 세금을 없애고, 무상의료, 무상교육을 실시하였습니다.
국가가 주는 돈으로 고급 에어컨, 냉장고를 들여놓고,
걸어도 30분 정도면 웬만한 곳을 다 다닐 수 있는 조그만 나라에
가정마다 자가용을 두, 세대씩 가지고 있었습니다.

평생을 여행 다니며 즐기는 나라,
모든 가사 노동은 외국인을 고용한 나라,
지폐를 휴지로 사용하기도 하고
자동차 연료가 떨어지면 새 차로 교체했던 나라….
그야말로 완벽한 사회보장제도가 실현되어 풍요를 누리던 나라였습니다.

그러나 1990년대부터 인광석의 생산량이 감소하고, 2000년대에 고갈됩니다.

그동안 국토는 인광석 채굴로 인해 온통 파헤쳐져 황폐해졌고
먹고 놀기에 길들여진 국민들은 인구의 50% 이상이 당뇨병, 90%가
비만에 걸렸습니다.
뒤늦게 정신 차린 정부가 관광상품 개발과 일자리를 제공하고자 했지만
국민들은 이미 게으름과 향락에 함몰되어 걷기 싫어하고
일하기 싫어하는 민족이 되어버렸습니다.
결국, 세계의 최빈국으로 거지가 넘쳐나는 아주 불쌍한 나라가 되고
말았지요.

더 큰 일은 인광석을 채취하려고 마구 파내어 낮아진 국토가
지구온난화 현상으로 인한 해수면 상승 때문에
바닷물에 잠길 위기에 처해있다는 것이지요.

역사는 고난과 시련 속에서 응전을 통해 창조되고 발전되는 것입니다.
지금의 기성세대들은 70~80년대의 고난과 역경을 알고
그리고 빈곤과 배고픔의 의미를 압니다.
그 힘들었던 시기에 오직 맨몸으로 오늘의 한국을 일구어냈습니다.

지금 우리의 자라나는 청소년을 봅니다.
그들은 풍요 속에서 태어났고, 배고픔의 의미를 모르고 자라고 있습니다.
몸집은 크고 입성은 깨끗한데 속은 비어있으며
지식 있으되 공동체 의식이나 국가관은 없고

치장은 럭셔리한데 내면의 인격은 천박합니다.

이전 학교에 농업계, 산업기계과가 있었습니다.
아이들에게 농사의 중요성을 이해시키고자 풀을 뽑으라고 하면
김매는 방법도 모르고, 하고자 하는 의욕도 없으며, 할 수 있는 것도
없습니다.
그것까지는 이해를 한다지만 곧바로 부모님에게 항의 전화가 옵니다.

세상에 싸고 좋은 것은 없습니다.
일을 안 하고 잘 살 수 있는 방법도 없지요.
어려움을 몰라 인내력이 부족하고 게으른 청소년을 길러낸다면
지금 열심히 일하여 어느 정도 부를 이룩한 우리의 미래가
나우루나 그리스, 스페인처럼 되지 않는다는 보장이 없을 것이니 참
으로 걱정입니다.

능서불택필(能書不擇筆)

능서불택필은
"명필은 붓을 가리지 않는다."라는 의미이고
목수는 연장을 가리지 않는다는 뜻이며

진정한 프로는 장비를 탓하지 않는다는 것을 의미합니다.

무능한 리더는 일이 실패했을 경우에
엉뚱하게 부하직원들만 나무라지만
유능한 리더는 남의 탓보다는
자신이 책임질 분량을 책임진다는 의미이기도 합니다.

즉 주변의 환경을 두고 변명하거나
트집 잡아 거짓을 합리화하거나,
뒤에 숨어서는 안 된다는 것이지요.

그러나 실생활을 보면
명필은 붓을 지나칠 정도로 가리는 경우가 많습니다.
훌륭한 작품을 만들기 위해서는 자신의 스타일에 맞아야 하며
자신이 원하는 품격을 나타낼 수 있어야 하기 때문입니다.

중국에서 최고의 명필 중 한 분은 왕희지입니다.
그의 『난정집서』는 내용이나 필력이 매우 뛰어나
불후의 명작으로, 명필로 전해지는 작품입니다.

이 『난정집서』를 쓸 때 왕희지는 서수필을 사용했다 합니다.
서수필(鼠鬚筆)은 쥐의 수염을 모아 만든 붓입니다.
이 서수필은 매우 훌륭하여 예로부터 서예가들의 사랑을 많이 받아
온 붓인데요.

쥐의 수염 털도 사용처가 있다는 것이 신기하지요?
사진가로서 일가를 이루려면 사진기에 투자를 많이 해야 합니다.
진정한 프로는 아무 장비나 사용하지 않기 때문이며
장비의 훌륭함이 좋은 작품을 만드는 데 초석이 되기 때문입니다.

목수는 결코 연장을 빌려주지 않습니다.
연장의 중요성을 알고 있기 때문이지요.
훌륭한 목수는 평소에 틈틈이 연장을 잘 벼려놓습니다.
아무리 훌륭한 기술이 있어도 좋은 연장의 힘을 빌리지 않고는
그 위대성을 드러낼 수 없기 때문이지요.

훌륭한 피아니스트에게 붓을 쥐어주는 건 의미가 없듯이
천부적인 재능을 갖고 있다고 하더라도
능력을 발휘할 여건이 안 되면 의미가 없습니다.

등산로에서 100년 묵은 산삼이 멋지게 용트림을 하고 있을 때
약초꾼들에겐 큰 횡재일지 몰라도
산삼을 알아보지 못하는 등산객에겐 의미가 없습니다.
우리가 아이들의 능력을 조기에 재단하지 말아야 할 큰 이유입니다.

작은 연못 이야기

우리 집 햇살이 잘 드는 창가에
연이 심긴 작은 연못이 하나 있습니다.
(실제로는 연못이라기보다는 넓은 항아리에 물을 받아놓은 것이랍니다.)

참으로 신기한 것은 물을 보충만 해주지 갈아주지 않는데도
오염되거나 부패하지 아니하고
투명하고 깨끗한 상태로 유지되는 것으로 보아
연의 자정작용이 놀라울 뿐입니다.

봄에 외조카가 냇가에서 물장구치다가
올챙이 한 마리를 종이컵에 담아왔습니다.
그것도 생명인지라 모른 체할 수 없어 연못에 넣어두었더니
뒷다리가 나오고, 앞 다리가 생기고
꼬리가 점점 짧아지더니 완연히 개구리 모양으로 탈바꿈하였습니다.
한편의 자연 다큐멘터리를 보는 느낌이 들더군요.

그 작은 생명에게 미안한 것은
지름 1m 정도밖에 되지 않는 물 담긴 공간이
그 어린 생명이 경험할 수 있는 전부라는 것이지요.
너른 논밭에서 찬물과 더운물의 차이를
각종 위험이 도사리고 있는 살아있는 공간의 의미를

동료들과 함께 자라면서 상대를 관찰함으로써 얻어지는 반성적 자기 자신의 모습을
모태인 어미 개구리의 우렁찬 울음소리를 경험할 기회가 없었다는 것이지요.

사람은 언제나 자기 경험의 범주에만 머물러있게 됩니다.
그래서 자기가 본 가장 큰 것을 크다고 하고, 가장 작은 것을 작다고 하지요.
하지만 이런 개념들은 모두 상대적인 것입니다.

우리가 생각하고 경험한 것의 유한성을 봅니다.
대부분 사람은 그 유한성에 기초하여 판단하고 행동하게 됩니다.
그리고 그것이 절대적으로 옳은 것이라고 믿기 쉽지요.
하지만 자기 생각 속에 갇혀 지내는 것은 옳지 않습니다.
내가 경험하지 못한 훨씬 더 큰 세상이 존재한다는 엄연한 사실을
늘 인지하고 살 필요가 있는 것이지요.
그럴 때 겸손해질 수 있고 오픈된 마음, 너른 마음을 갖고 세상을 살아갈 수 있습니다.

개념과 인성

해마다 졸업 시즌이면 저는 강릉에 갑니다.
막 교직에 나오려는 예비 교사들에게
교직에 대해 강의를 하기 위해서지요.
그때마다 저는 이런 이야기를 합니다.
중은 도를 닦으러 산으로 가지만
교사는 도를 닦으러 학교로 갑니다.

학교엔 교사들에게 삶의 보람(?)을 안겨주고자
노력하는 학생들이 정말 많거든요.
떠들고 잠자는 것은 애교이구요.
말대꾸나 뒷담화까지는 참을 수 있어요.
눈앞에서 대들거나 욕설을 하거나, 버릇없이 행동하는 건….
그런 아이들 앞에서 묵언 수행을 해야 하지요.

만약 교사가 죽었을 때 승려처럼 다비장을 한다면
아마도 가장 많은 사리가 나오는 직업일 것 같은 느낌이 듭니다.

요즘 개념 있는 아이들을 만나는 것은 하늘의 별 달기입니다.
개념이 없다는 것은 단순히 무관심이나 열정의 부족뿐 아니라
학업 부진, 동료애의 상실, 지나친 이기주의와 배려의 실종
대화 속 욕설의 도배, 생각하지 않는 두뇌, 예의의 참사….

어쩌면 이런 현상은 표면에 불과할는지 모릅니다.

교육이 필요한 것이 아니고, 치료가 필요한 아이들이 교실에 넘쳐납니다.
아이들이 왜 이렇게까지 된 것일까요?
그 근본 원인은 어디에 있을까요?

참으로 안타까운 일이 아닐 수 없습니다.

학교 교육의 절반은 인성 교육으로 채우고 싶은 생각이 듭니다.
지식은 올바른 인성 위에 쌓아야 의미가 있는 것이니까요.

느림의 행복

펴 낸 날 2019년 11월 15일

지 은 이 정운복
펴 낸 이 이기성
편집팀장 이윤숙
기획편집 정은지, 한솔, 윤가영
표지디자인 이윤숙
책임마케팅 강보현, 류상만
펴 낸 곳 도서출판 생각나눔
출판등록 제 2018-000288호
주　 　소 서울 잔다리로7안길 22, 태성빌딩 3층
전　 　화 02-325-5100
팩　 　스 02-325-5101
홈페이지 www.생각나눔.kr
이 메 일 bookmain@think-book.com

- 책값은 표지 뒷면에 표기되어 있습니다.
  ISBN 979-11-90089-92-0(03810)

- 이 도서의 국립중앙도서관 출판 시 도서목록(CIP)은 서지정보유통지원시스템 홈페이지 (http://seoji.nl.go.kr)와 국가자료공동목록시스템(http://www.nl.go.kr/kolisnet)에서 이용하실 수 있습니다(CIP제어번호: CIP2019044164).

Copyright ⓒ 2019 by 정운복 All rights reserved.
- 이 책은 저작권법에 따라 보호받는 저작물이므로 무단전재와 복제를 금지합니다.
- 잘못된 책은 구입하신 곳에서 바꾸어 드립니다.